圧倒的な勝ち組になる効率のいい考え方と仕事の仕方

天明麻衣子

Discover
ディスカヴァー

圧倒的な勝ち組になる
効率のいい考え方と仕事の仕方

はじめに

本書を手に取っていただき、ありがとうございます！

この本では、他人より効率よく努力し、大きな結果を出すための思考術と、具体的な実践の仕方を紹介しています。

最初に言ってしまうと、**圧倒的な勝ち組になるためのポイントは、状況に合わせて対応するフレキシブルさと、最も力を注ぐべきものを見極めるドライさを兼ね備えることです。**

ところで、『圧倒的な勝ち組になる効率のいい考え方と仕事の仕方』というこの本のタイトルを初めて見たとき、「いまどき〝勝ち組〟しかも〝圧倒的な勝ち組になる〟ってなんだよ（笑）」と正直なところ思いませんでしたか？

なぜ私がこのようなタイトルをつけたのか、少し説明をさせてください。
いま、「勝ち負けにこだわらない」「失敗しなければ大丈夫」「フツーに生きてれば満足」という声をよく聞きます。特に私と同世代となる20代では、「みんなと同じであれば十分」と思っている人が多いようです。

でも、そんなのは所詮キレイごと。

やはり、結果を出した人はきちんと評価され、大きな見返りを得ることができます。
一方、大した成果を挙げられない人は、「これが普通」と本人が思っていても、結局は良い実績をつくった人とくらべられてしまうので、相対的に低く扱われてしまいます。
そうすると、会社のなかでも、あるいは独立していたとしても、自分が思うような働き方ができず、結果的に望まない人生を送ってしまうことになりかねません。

もしかすると、「勝ち組なんて……」と消極的に思っている人のなかにも、「他人との比較からは逃れられない」という事実に気づいている方は多いのではないでしょうか。

望むと望まないに関わらず、現実には勝ち負けがあります。

そして、どうせ勝負をしなければいけないのなら、勝ちたい。

もっと思い切って言うと、**「勝つなら圧倒的に勝ちたい！」私はそう思っています。**

もちろん、勝負で勝つには努力するしかありません。

ただし、だからこそ〝努力していない人〟なんていないのも事実です。

とりわけ日本には「結果よりも努力することが大事」という風潮があります。それはあなたもきっと、感じたことがあるのではないでしょうか。努力するのは、あたりまえのことなのです。

みんなが努力しているからこそ、「ただの頑張っているアピール」が許されるのは、かわいい子供か右も左もわからない新社会人のわずかな期間だけ。

今の私たちには、**結果を出し、勝負に勝つための努力が必要**です。

もちろん、やみくもに頑張るのは時間のムダ。勝つための戦略を立てて、効率よく行動しなければなりません。

そして何より、「勝負するからには勝つ！」という強いモチベーションをもって、仕事や自分の人生に向き合う気概が大切になると思います。

だからこそ、私は『圧倒的な勝ち組になる効率のいい考え方と仕事の仕方』というタイトルをこの本につけました。

今ここまでお読みになったあなたが、**「やっぱり、やるからには勝ちたい」**という思いを少しでも抱いていてくださっていると嬉しいです。

自己紹介が遅れてしまいました。

私は天明麻衣子《てんめいまいこ》。フリーアナウンサーをしています。

もしかすると、テレビ朝日「クイズプレゼンバラエティー　Qさま!!」をご覧になっていると、見覚えのある方もいらっしゃるかもしれません。2015年に初出演した回で、初優勝することができ、「学力女王」という称号をいただきました。現在はクイズ番組や経済番組に出演しています。

私はテレビ業界だけでなく、外資系投資銀行や学生時代も含め、まわりの「優秀で努力も惜しまない人たち」に対し、どうすれば結果を残して勝つことができるのかを考え続けてきました。

その結果、導き出したのが、冒頭でもご紹介した「フレキシブル&ドライ」という柔軟性と合理性を兼ね備えた効率的な考え方です。

この本の構成として、まず一章では、いかにして私が「フレキシブル&ドライ」という考え方が大切だと思うようになったのかを幼少期から現在までの自分の人生を振り返りながら、経験やエピソードをもとに紹介しています。

次に、二章以降は効率の良い考え方と仕事の仕方を順番に大きく4つに分け、

Ⅰ　圧倒的に効率のいい目標の見つけ方

Ⅱ　圧倒的に効率のいい戦略の立て方

Ⅲ　圧倒的に効率のいい実践の仕方

Ⅳ　圧倒的に効率のいい将来の見据え方

として各章で紹介しています。

「具体的な思考法や、実践術について早く知りたい」と思われたなら、一章は飛ばして、60ページの二章から読み進めてください。

逆に、「フレキシブル&ドライっていう考え方をまず確認しておきたい」「天明麻衣子ってだれ？　もうちょっと詳しく知りたい」と思った方は、一章から読み始めてください。

もちろん、このあとの目次を見て、気になったところからパラパラ読み始めてもらってもかまいません。ひとつひとつのテーマごとに図とまとめもついているので、さっと読むだけで要点はご理解いただけると思います。

さぁ、そろそろ「圧倒的な勝ち組」をめざす心の準備は整いましたか？

同じ努力なら、すぐ始めるほうがトク。

残っている時間が長ければ長いほど有利ですからね。

今から、私と一緒に圧倒的な勝ち組への努力を始めましょう！

目次

第二章 圧倒的に効率のいい目標の見つけ方

第三章
圧倒的に効率のいい戦略の立て方

第四章 圧倒的に効率のいい実践の仕方

第五章
圧倒的に効率のいい将来の見据え方

第一章

「天明麻衣子」はいかにして生まれたのか。

この章では、小学生のころから現在に至るまでの、私の人生を振り返ります。

ユニークで、頑固で、でも大人びたところもあった子供時代。そして、自分の将来について本気で悩んだ大学時代。紆余曲折を乗り越えて、フリーアナウンサーとして頑張る今。

個性的な数々のエピソードを紐解き、フレキシブルかつドライに考え、効率よく行動するための原点を紹介します。

圧倒的に効率のいい

人生の送り方

人生はフレキシブル＆ドライ

「これくらいは学校で習いませんでしたか？」

天明麻衣子《てんめいまいこ》、と聞くと、テレビのクイズ番組での高飛車な発言の数々を思い出す方もいるでしょう。

東大卒、元ＮＨＫ仙台放送局キャスター、元外資系投資銀行アナリスト……。

「肩書がいちいち綺麗すぎて、エリートっぽくて生意気な奴」なんてネットで叩かれることもありました。

では、私は本当に、世間の人が考えるいわゆるエリートなのでしょうか？

たしかにそれぞれの経歴は申し分ないかもしれません。でも、最高学府を卒業して地方局キャスター、そこから外資系投資銀行を経てフリーのアナウンサーへ。ニュース原稿を読むかと思えば、クイズ番組では解答ボタンをもの凄い勢いで叩いて優勝し、学力女王に。

様々なジャンルで異なる働き方をしてきた私のキャリアは、流れとしてなんの一貫性も脈絡もないんです。

他の同級生だったら、まずこんなことはしないですよ。

では何故そんな異色なキャリアの積み方をしたかというと、大学を卒業して新卒で一般企業に就職し、そこで地道に昇進していく、というような典型的な日本の社会人にはなれないと、自分でわかっていたから。

その理由はいろいろあるのですが、とにかく「新卒至上主義」の日本で「ふつうの新卒社員」として生きることを拒否した私が人生をサバイバルするためには、**他の誰とも違うオリジナルのキャリアを築く**しかなかったのです。

結果として、今私はなんとかフリーアナウンサーとして生きることができています。

そして思うのは、

「東大卒としてはめずらしい仕事をしている人」

「フリーアナウンサーとしてはめずらしい経歴の人」

というどちらのフィールドから見ても異端児のような存在であることが、天明麻衣子の魅力になっているということです。

特に「東大卒」という枠はそれだけで将来の金銭や地位がある程度保障される世界です

異端のキャリアが魅力になる

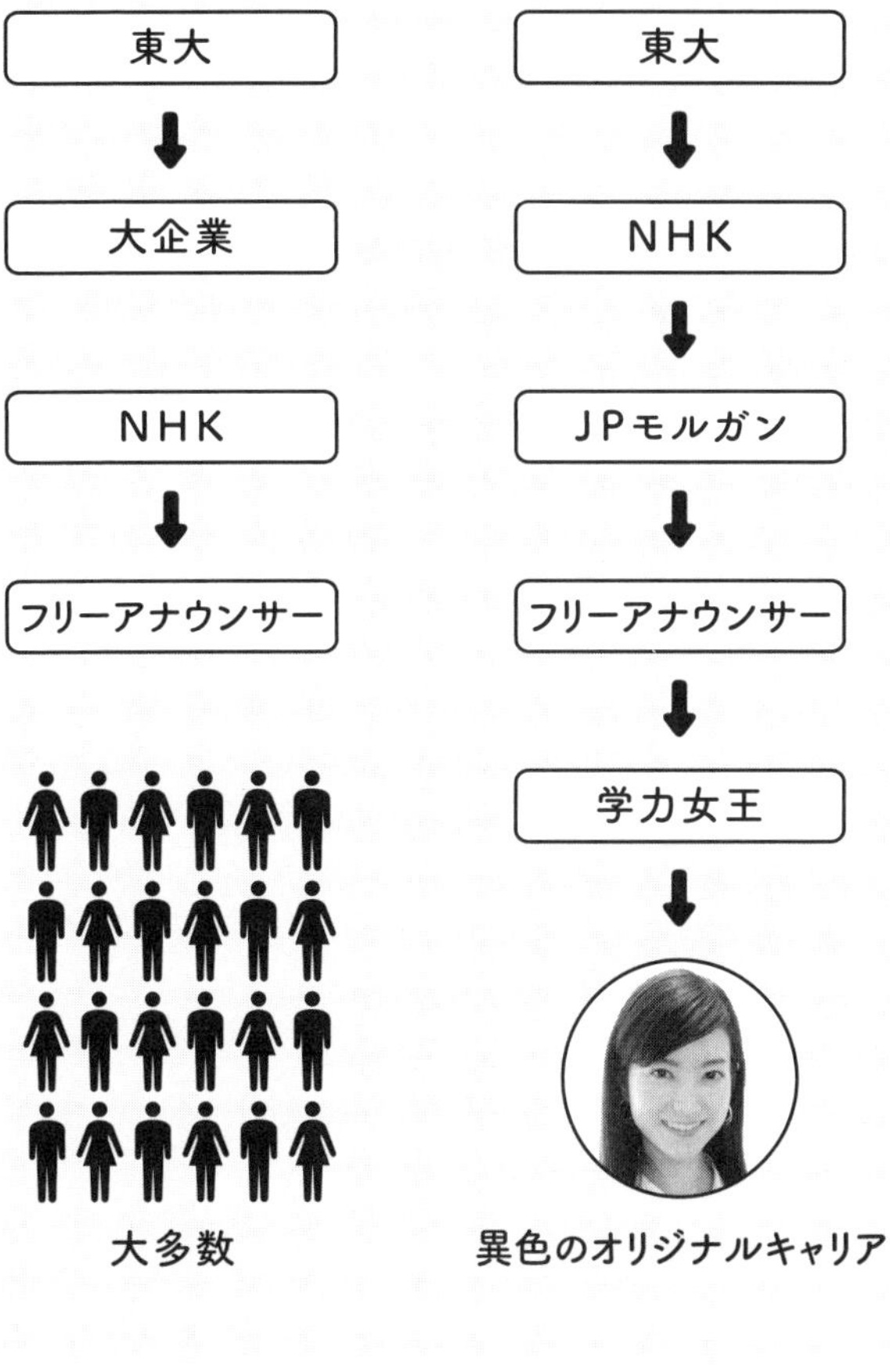

から、そこからはみ出るのはとても勇気がいります。

でも一歩を踏み出すことで、その枠の中にとどまった99％の同窓生たちと差別化を図り、彼らが手に入れられなかった成功を手にする可能性があるのです。

もしかすると、枠の中での熾烈な生存競争を続けるより、よっぽど勝ち組になれるかもしれません。

私がいま実感していることは、**どんな環境であれ、物事がうまくいくには、フレキシブルさとドライさが欠かせない**ということです。

「地頭」という言葉が近年もてはやされています。しかし、周りに合わせられる「柔軟性」と、それでいて一度決めた自分の意志をつらぬく「割り切り」がなければ、どんなに頭が良くても仕事には活かせません。

逆にこの二つがあれば、才能やセンスなどがなくても能力を補い、努力によって磨きをかけることもできます。地頭という土壌を育ててくれる、肥料のような存在ですね。

フレキシブルかつドライに生きる。これが私の信条です。

次のページからは、自己紹介がてら学生時代から今に至るまでを振り返りつつ、私がどのようにこの人生を圧倒的に勝ち抜くための効率の良い考え方を獲得していったのか紹介していきます。

フレキシブル どんな環境でも周りに合わせられるフレキシブルさをもつ

ドライ 一度決めた自分の意志をつらぬくドライさをもつ

ドライに自分をつらぬく

私は1989年に横浜で生まれ、小学校から東京の私立女子校に通っていました。

小学生のころは、授業中はどんなに後ろの席からでも先生の話に茶々を入れるというおてんばな面もある一方、基本はインドアで、休み時間は席で図書室から借りた本を広げているのが好きな子でした。


当時から私はへそ曲がりなところがあり、「みんなが常識と思って受け入れているからといって、どうして私も常識だと思わないといけないんだ」って考えていました。

その人の性格の根幹の部分って、小さい頃から変わらないのかもしれません。

自分が納得できないことは、それが世間の常識であっても従いたくない！

頑固な小学生だったとは思いますが、これって実は、前の節で述べた「ドライ」という信条のきっかけになっているんです。

だって、みんなにいい顔してたら、やりたいことなんて一生できっこない。

やりたいことをやるときは、どうあれ批判されるもの。ある程度の割り切りは必要です。法や倫理に反していないなら、胸を張って、「これは私がやることだ」と自分で自分を信じてください。それがつまり、ドライな生き方につながります。

その精神が初めて存分に発揮されたのが、小学校6年生のとき。他ならぬ両親に対してでした。

宿題でカードに読書の記録をつけなさいというものがあって、私はそのときに「子供向けの本は内容が幼いから嫌だ。私は大人向けの本が読みたいの」と主張したんです。きっとひとりっ子で、自分よりも歳上の人に囲まれて育ったので、大人の世界というものに興味があったのでしょう。

もちろん、両親は大反対。内容がわかるわけない、普通は子供向けの本を読むものだと。でも私は、私だったら絶対わかるはずだと思っていました。繰り返し読んで、少しずつでも理解してやる。子供が子供向けの本しか読んじゃいけないって誰が決めたんだ、そんなのおかしい、と反論しました。それはもう、かつてない勢いでしたね。

結局、両親にごねて、父の本棚からディック・フランシスの『競馬シリーズ』を借りて読むことで決着しました。

どんな感想を書いたんだろう？　当時、その感想文を見た先生は〝競馬〟という言葉を見てさぞびっくりしたでしょう。私はもう忘れてしまいましたが。

周囲は気にせず、やりたいことをやる

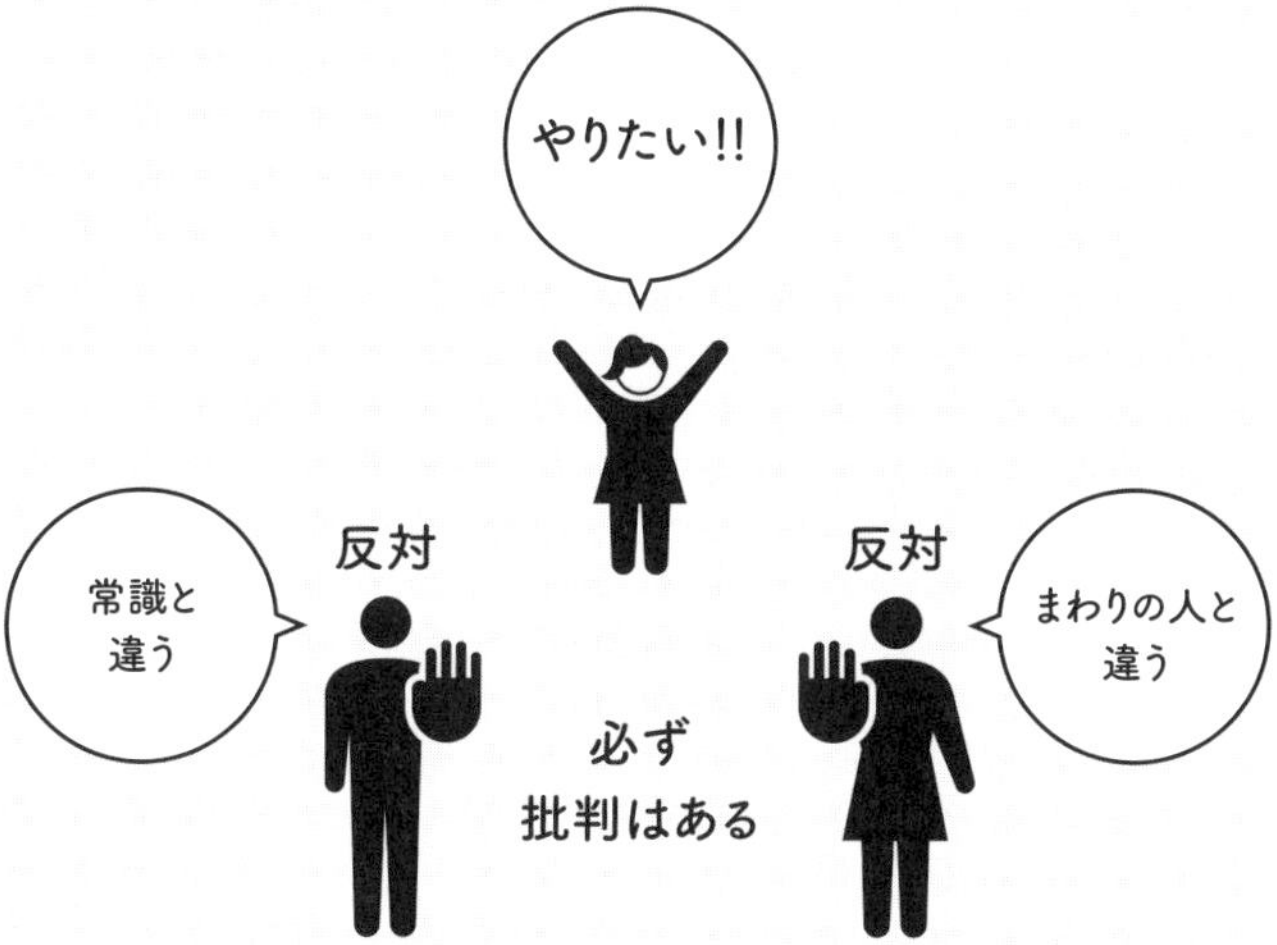

『競馬シリーズ』
ディック・フランシス［著］
菊池光［訳］
早川書房

騎手経験のある著者が執筆した長編推理小説シリーズです。1967年より翻訳版が発売されています。

でも、何度も何度も読んで、ようやく内容がつかめてきたときの嬉しさや、読書記録をつけるときのワクワク感は覚えています。好きだからこそ、難しいことでも努力でき、やり遂げる。そのことを私はこの体験で身につけました。

このとき、**周りの意見や常識に流されることは、必ずしも正しいことではない**のだと気づきました。

その後も父の本棚から小説を借りる日々は続き、パトリシア・コーンウェルの『検屍官スカーペッタシリーズ』や、ローレンス・ブロックの探偵小説なんかを読みふけっていました。全く小学生らしくはないですが、おかげで語彙がかなり増え、文章を読むスピードが上がり国語の成績もよくなるなど、学校生活にもいい影響がありました。

そのなかで、「一見難しそうな文章を見てもひるまなくなった」のはとても重要でした。もっと大きくなってから、受験をはじめ、見ただけでうんざりするような難解な文章に出くわす機会は多々ありましたが、例の「繰り返し読んだら、私は絶対分かるはずだ」という気持ちを思い出して、乗り越えることができたのです。

自分で振り返ってみると、私は小学生のころから、「本を読むのが得意な子」だったと思います。

でも、それは外から測ることが難しい資質でした。だからこそ親は、私が平均以上のことに挑戦するのに反対したのでしょう。

自分のことを一番わかっているのは自分自身。自分は何が好きで、どんなことだったら努力できるのか。それがわかったら、周囲の声に負けずに、そこを伸ばしてあげてください。

それはいつかきっと、周りにもはっきりわかるくらい、自分の強みになってくれるはずです。

ドライ 周りの意見や常識からの批判に負けず、やりたいことをやる

フレキシブルに変化に対応する

中学は私立の女子校にそのまま進学し、勉強は無難にこなして本を読みふける平和な生活が続きました。中高大の一貫校だったので、エスカレーター式に大学まで上がろうか、それとも外部の推薦でもらおうかと、ぼんやり考えていた中学3年の春に、転機が訪れます。

「ねえ、高校受験してみたら?」

思いもかけなかった母の言葉です。

せっかくラクに内部進学ができるのに、わざわざ外の高校に受験して移るのは、100人に1人か2人しかいない、珍しいことでした。そこで母に理由を尋ねると、

「あなたならエスカレーターで進める大学より、もっといいところに行けるはず。大学受験を考えたら環境の整った高校へ移ったほうがいい」と答えたのです。

より良い大学受験のために、今から勝負をかけないといけないのかと、頭をガツンと殴られ、つかっていたぬるま湯から放り出されたような衝撃でした。

でも、たしかに母のいうことには一理ありました。

私が通っていた中学校は、受験対策を授業では行わない方針でした。また、カリキュラムの組み方が独特だったので、一般的な大学受験の試験範囲が他の進学校と同じように高2のうちに終わるのか、心もとなかったのです。

私はそれまで高校受験なんて全く考えていませんでした。でも、勉強の基礎はきちんと積んでいる自信がありました。だから内部進学の可能性を完全に消すならば、科目が細分化されて難問も多い大学受験にいきなり臨むより、問題がベーシックな高校受験のうちに勝負をするほうが、基礎がしっかりしている私にとって有利だろうと考えました。

そして、レベルの高い高校に進んでおけば、レベルの高い大学へのチャレンジも後々ラクになるはずだと納得できたのです。

早い段階で挑戦するのは、誰だって不安なもの。

でも**ハードルが低いうちに飛び越しておけば、それによって勢いをつけて、より高いハードルに挑みやすくなる。**15歳でそのことに気づけたのは大きかったです。

早く挑戦するほど、後がラクになる

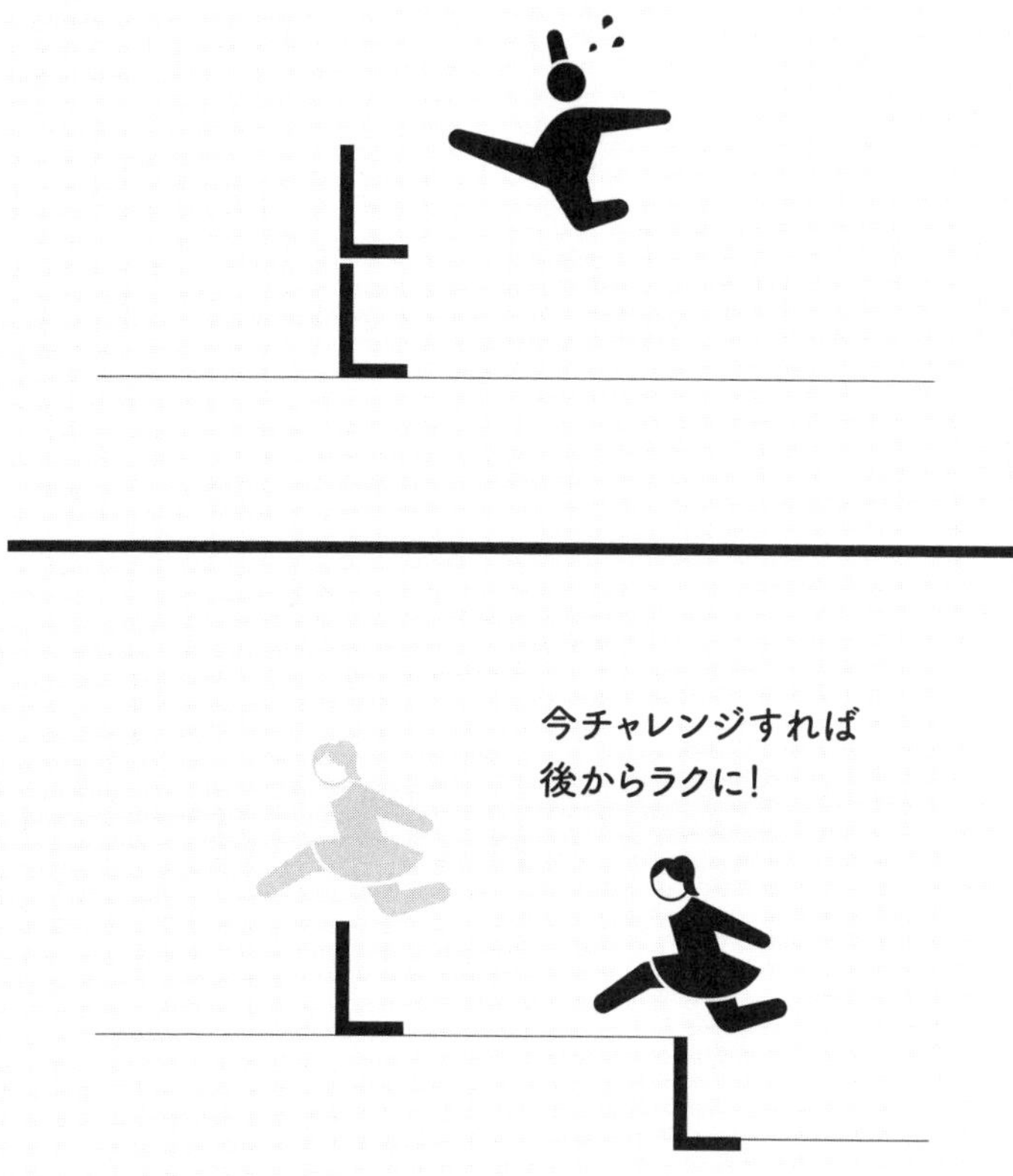

こうして、中3の5月ごろから、高校受験の勉強が急きょスタートしました。基礎を積んでいたとはいえ、授業で習う部分と試験範囲が違っていたり、受験特有のテクニックが必要でした。そのため、毎日寝る時間を削って勉強していました。

しかも外部の高校を受けるために、内部進学を辞退する期限は10月でした。私はそのときまでの約半年間、高校受験をすることを友人にも内緒にしていました。今思うと、ストレスがたまりそうな環境ですよね。

でも当時は不安になるどころか、私はとてもワクワクしながら勉強していました。

もちろん、外部への進学は母の思いつきで始まったものであり、私にとってはまさに青天の霹靂《へきれき》でした。でも、未来の状況も今の自分しだいで違うものにできる。高校受験を頑張ったら自分にはこんなメリットがあるはずだ、とフレキシブルに見方を変えてみたら、自ずとモチベーションが上がっていったのです。

考え方一つで、今まで生きてきて最大級の**チャレンジ**も**「やらされている」**ではなく、**「新たなステージに移るきっかけ」とポジティブに捉える**ことができます。

人生は、誰がどんな変化を持ち込んでくるかわからないもの。
どうせならそれを柔軟に楽しんで、自分にとってプラスに変えましょう。

フレキシブル

不安になるチャレンジも、見方を変えてポジティブに挑戦する

ドライとフレキシブルを
組み合わせる

こうして私は無事、第一志望の国立高校に進学しました。

規則の厳しい私立の女子校から一転、生徒の自主性を重んじてアルバイトだってできる校風や私立とちがって相当おんぼろな校舎に、高校生になったばかりの私はカルチャーショックを受けました。でも慣れてしまえば、個性の強い先生や友人に囲まれて充実した高校生活を過ごすことができました。

しかし受験に力を入れている進学校だけあり、授業はかなりハードでした。

たとえば、文系でも数ⅢCまでやりますし、理科も物理・化学・生物・地学とすべて履修しました。ほかにも、皇居の外堀を一周歩いて東京の街並みをスケッチするなどレポートもたくさんあり、スケジューリングがうまくできないと徹夜する人もいたみたいです。

でもおかげで、**自分の得意不得意を見極めて、何にどれだけ力を注ぐべきかをドライに判断する**力がつきました。そのポイントは、とりあえず不得意に思えることにも挑戦して、「あ、私これほんとに苦手だ。精一杯やっても平均に達するかどうかだな。あまり労力を割いてもしょうがないから、とりあえず落ちこぼれない程度にこなそう」と実感することです。そして、得意なものに優先的に時間と努力を振り分けていくようにしました。

どれだけ頑張ってもできないことがあると感じ始めたのもこの頃です。そう割り切ったからこそ、**優先順位をしっかりさせないと、得意なことまで中途半端になる**と考えたのです。


ドライに優先順位を決める勉強法が極致に達したのは3年生のとき。受験に合わせて授業を選択できるようになった頃です。ここで私はある奇策に打って出ました。

国立文系志望なのに、受験科目である世界史と日本史を履修しなかったのです。

もちろん担任の先生に呼び出されました。そのときは、「やっぱり歴史がいらない私立文系にかえまーす」と言い張って押し通しました。

なぜなら、授業や定期試験のために、自分の勉強のペースを乱されたくなかったからです。世界史と日本史はただでさえ覚える量が膨大にあります。それなのに、「授業や試験ではここまでが範囲だから」と悠長な先生に合わせていると、入試直前まで現代史にたどり着けません。

入試に必要な科目は、必ず授業に出なくてはならないの？　その「常識」を疑いました。

得意なことを伸ばし、苦手は捨てる

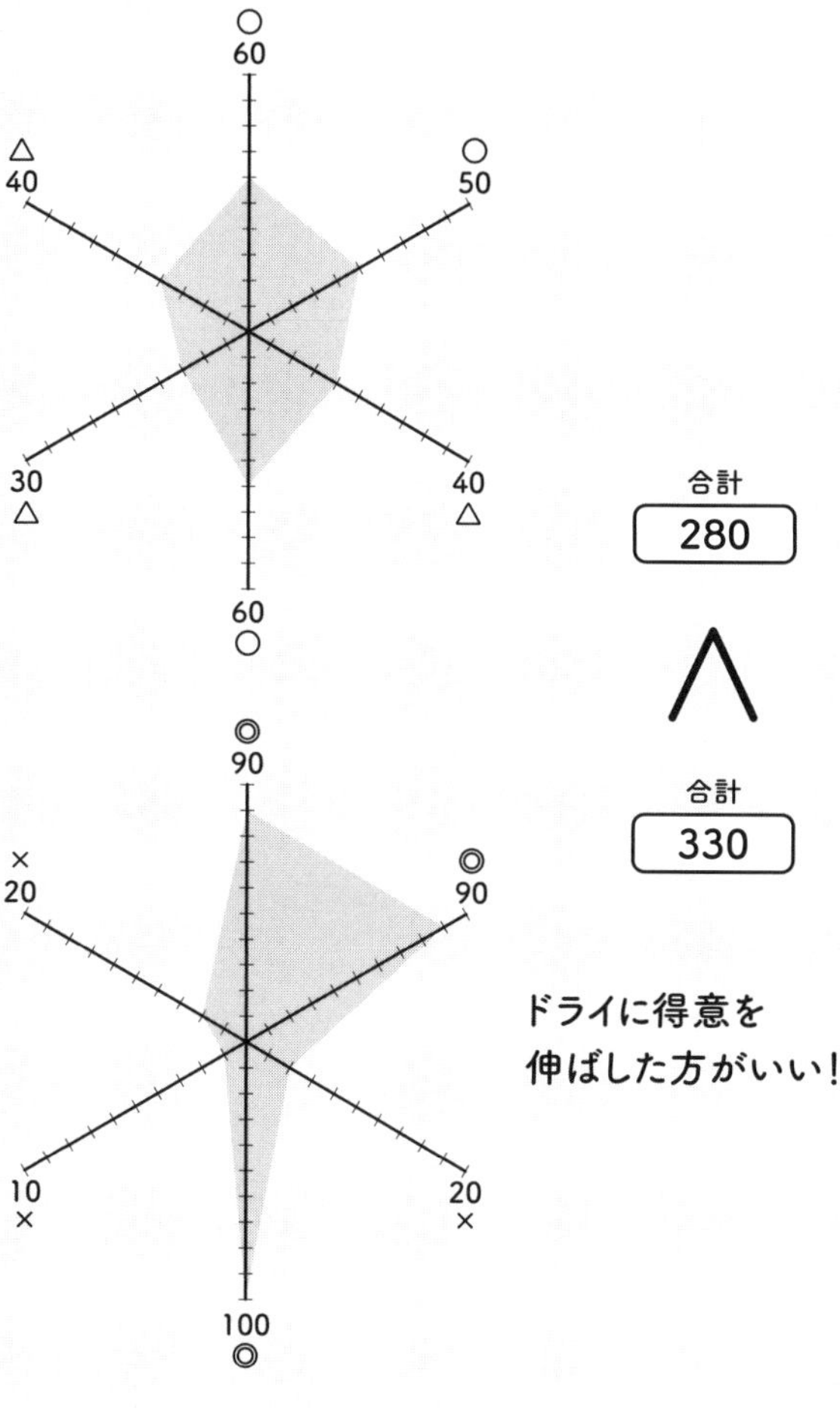

究極の目標は、大学に合格すること。周りに気を遣って入試対策がブレたら意味がない。

そう割り切って、皆が教室で世界史と日本史の授業を受けているときは、ひとり図書室で自分のペースで勉強していました。結果、世界史と日本史は全範囲をしっかりマスターでき、重要な得点源になりました。

余裕のないときこそ、ドライに生きる。自分の利益を一番に考えて、効率をつらぬきましょう!

それでも時間のやりくりが大変だったのは、文化祭のときです。うちの高校は9月に文化祭があるのですが、なぜか3年生はクラス演劇をしなければなりません。

そのため、高3に入ったとたん、クラスは演劇の準備で大忙し。正直、夏休みはほぼ毎日学校で、演劇の練習をしていました。

でも、母親は学校行事を優先する私を見て「受験生は勉強しなさい!」と大激怒。連日、塾に行く行かないの大喧嘩です。

私は、母との無駄な喧嘩(本当にああいうのは時間と労力の無駄!)を回避して、練習もこなし、受験にも成功するという、**周りの要求と自分のやりたいことを両立させる**フレキシブルかつドライな方法を必死に考えました。

結局私は、塾に行くふりをしてこっそり学校に行きました。みっちり演劇の練習をして、帰ったら適当に塾の報告を。母が塾に迎えに来る日は、塾の終了時間ぎりぎりに裏口から忍び込んだりして、かなり偽装を徹底しました。おかげで母は私が実は塾に行かなかったことに最後まで気づかずじまいとなってしまいました。

でも、罪悪感は全くありませんでした。「大学合格」という最終目標を外さなければ母も構わないだろうと思っていたからです。夏休みに塾に行かなくても、その目標を達成できる自信はありました。

希望をすべてかなえるために、まっとうなやり方にこだわる必要はないのです。

フレキシブル 周りの要求と自分のやりたいことを、柔軟なやり方で両立させる

ドライ 優先順位をしっかり決め、得意なことを伸ばす

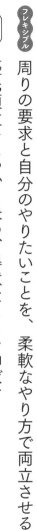

フレキシブルなキャリア選択

高3の秋冬を、冬眠中の動物のように黙々と部屋にこもって勉強し、私はなんとか東京大学に合格しました。

大学に入って気づいたことは、ここから先は勉強以上のものが求められるということです。同じ大学で学生の学力にそれほど差はないでしょうから、他の学生との違いを作りたいなら、授業以外のところに見出すのが効率的なのです。授業の評価は、どんなに頑張っても優・良・可・不可など限定された評価になってしまいますからね。

バイト、学生団体、インターン……。差別化するいろんな方法の中で、私は次の手段を選びました。

NHK Eテレの「テストの花道」という番組への出演です。

この番組、ご覧になった方もいらっしゃるかもしれませんね。中高生にノートの取り方や暗記術など、勉強の仕方を教える番組です。

私は大学生という立場から、実際に受験に使って効果のあった勉強法をアドバイスしていました。初めての収録はたしか大学3年の春。きっかけは友達に誘われたことで、はじめは2、3回の出演という話でした。しかし結局それから卒業までの2年間、定期的に出演させてもらいました。

人生初のテレビ局での収録はとても楽しくて、

「もっとたくさん出たいな」

と素直に思ったのをよく覚えています。このめったにないチャンスを生かせたら、私の強みになってくれるのではないかと、本能的にも感じていました。

でも、他にもたくさんの大学生が声をかけられていることは知っていました。そこで、どうしたら自分がもっと番組に使ってもらえるか、真剣に考えました。


まず戦略的に収録日程の相談を受けたらスケジュールを調整して、できるだけ断らないようにしました。撮影はほとんど平日だったのですが、その時間にある授業の内容は後で友人に聞くなどして、とにかくドライに収録を優先させました。制作側の事情に対応してこそ信頼されると思ったからです。

あと、「遅刻をしない」「お世話になる人たちにこまめにお礼を言う」などの基本も徹底しました。時間やお金をかけずに簡単にできて、イメージアップに効果的です。

選ばれる立場から努力と工夫を重ねる

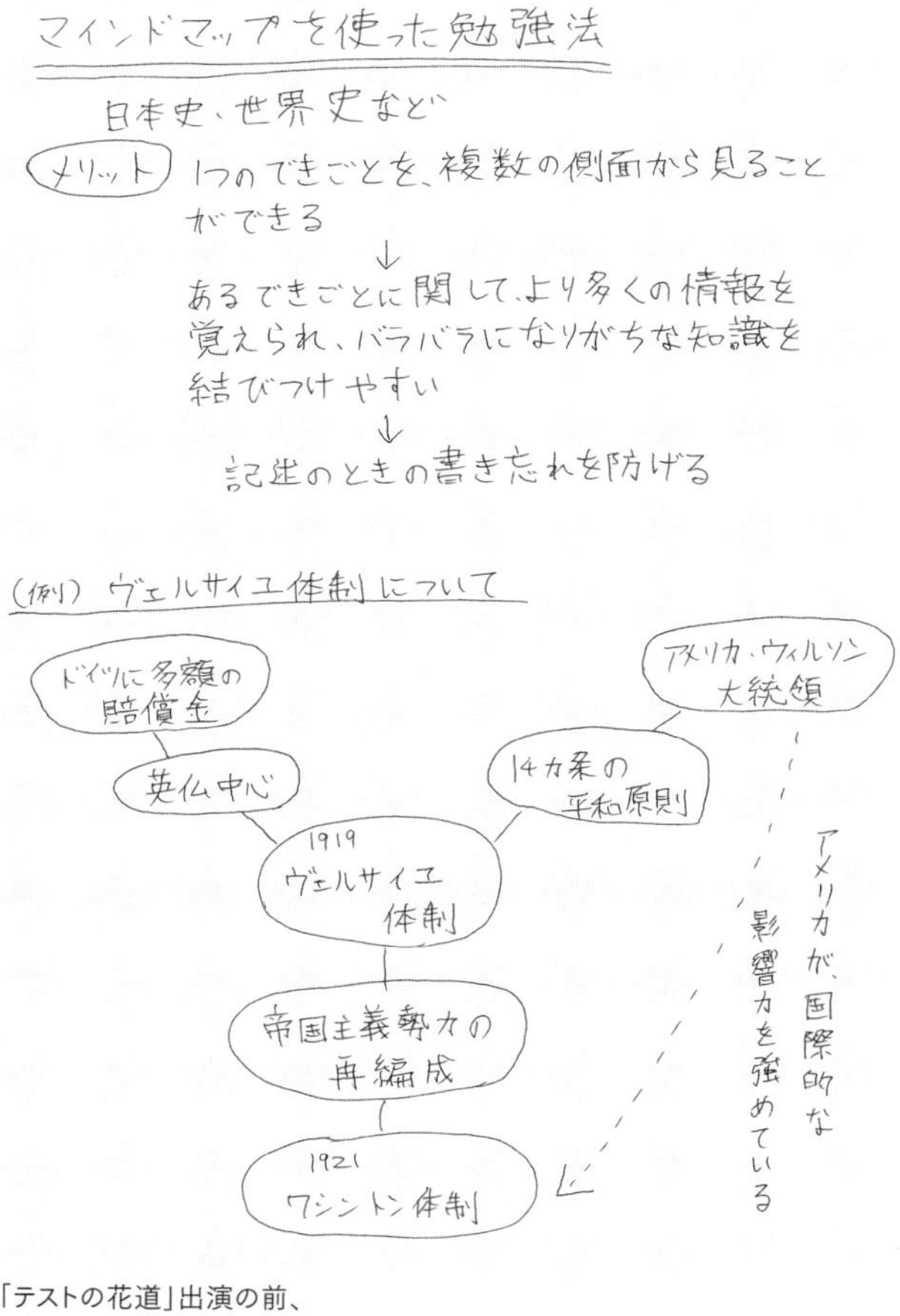
マインドマップを使った勉強法
日本史、世界史など
メリット
1つのできごとを、複数の側面から見ることができる
↓
あるできごとに関して、より多くの情報を覚えられ、バラバラになりがちな知識を結びつけやすい
↓
記述のときの書き忘れを防げる
(例) ヴェルサイユ体制について
ドイツに多額の賠償金
英仏中心
1919
ヴェルサイユ体制
帝国主義勢力の再編成
1921
ワシントン体制
アメリカ・ウィルソン大統領
14カ条の平和原則
アメリカが、国際的な影響力を強めている

「テストの花道」出演の前、
テーマを分かりやすく伝えるために自分なりにまとめていました。

とにかく、**自分は選んでもらう立場だと自覚して、謙虚になる**ことに徹しました。

また、毎回テーマに沿ったコメントをして少しでも**選んでもらえるように工夫**しました。たとえば「マインドマップ」という思考法がテーマの場合、その抽象的な概念を授業でどのように使えばいいのか、科目ごとに分かりやすく説明しました。番組を観た人がすぐ実行できるよう、具体性と簡潔さには気をつけました。

こうして、気づけばレギュラーメンバーに。勉強法を自己分析し、自分の言葉で説明する機会を与えてくれた「テストの花道」には、本当に感謝しています。

しかし、就職を考え始めるようになったころ、我が家では大変な事態が発生していました。

母の病気です。

とりあえず自宅で静養していたものの、病状は進行性で、将来介護が必要になるのは明白でした。しかし父は仕事をしている上に脳梗塞の病歴があり、無理はできません。しかも岩手には寝たきりの祖父母もいました。5人の家族で、健康に問題がないのは大学生の私だけ。

私、就職なんてして、家族の介護は大丈夫かな？

このときは本当に悩みましたね。

そして出した結論は、**一般的な就職の常識から距離を置く**ことでした。「母は父が看てくれるので、私は岩手の近くで、数年だけ働いてみよう」そう決断したのです。

祖父母や母になにがあっても柔軟に対応できるようにしたかったので、卒業したら東京の大企業に就職、という多くの同期たちと同じ道を進むのではなく、フレキシブルに動くべきだと最終的に判断しました。

友人たちには驚かれましたが、他人は気にせず、自分にとっての正解を優先しました。

そのとき出会ったのが、ＮＨＫ仙台放送局のキャスター募集でした。

フレキシブル

周りから選ばれる立場であることを自覚し、謙虚に工夫を重ねる

ドライに周りを利用する

私が新卒でNHK仙台放送局に入れたのは、運が良かったからだと思っています。NHKの地方の契約キャスターは、民放と違って他局で経験を積んだ人の転職採用がほとんどです。特に仙台のような規模が大きい拠点局の場合、大学を出たてで実績ゼロの新人が採用されることなど滅多にありません。

私が就職できたのは、「テストの花道」での経験がアピールポイントになったのかもしれません。とりあえず岩手の祖父母の家にも近くなったので安心し、ヘルパーさんを頼みつつ、家族の状況をみながら働こうと、仙台に向かいました。

でも、順調だったのはここまで。いざ働き始めると、いやでも自分が「ダメアナウンサー」であることを認識させられました。

まず基本の原稿読みが下手。放送する原稿をうまく読むには、とにかく実践が大事です。しかし、大学の放送研究会などに入っていなかった私は、他のアナウンサーよりも練習量で圧倒的に不利でした。

周りの先輩方にアドバイスを求めても、それぞれの感覚でいろんな助言をくださるので、「頭で考える」タイプの私はあれこれ考えすぎてしまい、かえって体が動かなくなるという悪循環に陥りました。

ＮＨＫは基本となる原稿読みをなにより大事にするので、いかに他の能力でアピールしても、その技術がないので一向に評価はあがりません。

おまけに宮城県の地名にある「町（まち）」と「町（ちょう）」の違いをなかなか覚えられなかったり、ラジオのニュースを1分早く終了しそうになったり、歌手の方へのインタビュー中に新曲のタイトルを間違えたり……。とにかくいろんな失敗をやらかしました。

そのたびに、私ってダメだなあ、と落ち込む日々。今までずっと優等生できていたのに、急に劣等生になってしまったことがショックで、もしかしたらアナウンサーには向いてないのかもという迷いが頭から離れませんでした。さらに、慣れない土地でひとり生活するストレスも大きく、早く東京に帰りたいなと、それればかり考えていました。

でも、1年目の終わりごろに、ふと気づいたのです。

「もっと**周囲とコミュニケーションをとったほうがいい**のではないか」

高校や大学と違い、会社の中は似たような環境で育った人ばかりではありません。いかにも官僚といった真面目なタイプから現場主義の体育会系の人まで、いろんな個性の人が

社会に出ると多様なタイプの人に接する

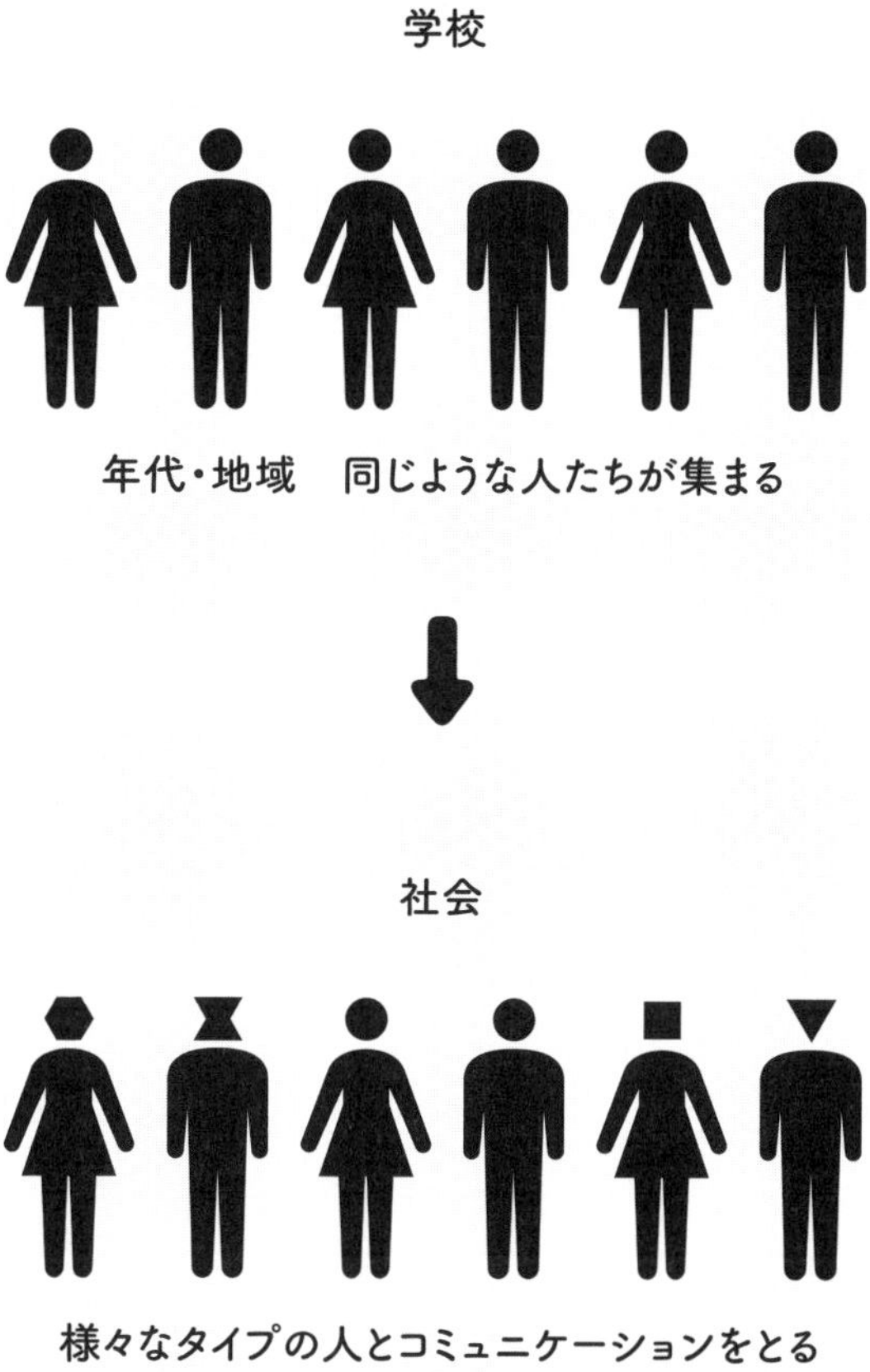
学校
年代・地域　同じような人たちが集まる
社会
様々なタイプの人とコミュニケーションをとる

入り交じる環境に、私はなかなか馴染めず、自分の殻に閉じこもっていました。

学生時代なら自分一人で黙々と勉強していればよかったかもしれません。でも、会社では周りと協調することが何より大事です。特に番組には技術さんやディレクター、衣装さんなど多くの人が関わりますから、円滑なコミュニケーションが仕事の質の向上には欠かせません。

それに気づいたとき、どこか心の内にあった「東京の優秀な大学を卒業したエリートな私」というプライドも捨てました。どんな立場のどんな経歴の人からも学ぶことはたくさんある。学ぶべきことを彼らからうまく引き出し、自分自身の成長につなげなきゃ！　と考えを改めたのです。


「自分の利益のために他人を利用するみたいで……」とためらう方もいるもしれません。でも、まずは自分のことを考えるくらいドライになったほうが、逆にガンガン周囲にアプローチできます。**自分の成長のために周囲を使ってやれ**、くらいの気持ちでいると、この人から何か引き出せないかと、**結果的に周りの人に関心を持てる**のです。だから、割り切っていいんです。自分の成長は、必ずや会社にも利益をもたらすはずですから。

そう決心したら、後は行動するだけ。

自分が担当するコーナーをどう演出したら面白くなるか、ベテランのディレクターさんに相談に乗ってもらったり、朗読の名手と言われたアナウンサーの方に朗読のコツを教わったり。ただ仕事をこなすだけではなく、質をあげることを目指すように心がけました。「最近、目の輝きが違うね」と先輩から言われたときは、とても嬉しかったものです。

しかし働き出す前に亡くなってしまった祖父に続き、社会人2年目の夏に祖母を亡くすと、私は仙台にいる理由を失ったような気がしました。

同じころ、担当していたラジオ番組が終了。テレビ番組も短縮が決まり、私はここがNHK仙台をやめる潮時だと判断しました。2年目の秋も深まったころでした。

ドライ 自分の成長のためにも周りと関わり、学べる点を引き出す

圧倒的な勝ち組をめざす

東京に戻った私は、ＪＰモルガンという外資系投資銀行に勤めることになりました。

アナウンサーから、自分でも驚くような異業種への転身を決意した理由は二つあります。

一つは、大学を卒業してずっとフリーで活動していると、自分が世間知らずになるのではないか、という不安があったことです。そのため、組織に属することで、会社に勤める人が何を思い、考えているかを知りたいと思ったのです。

二つ目は、アナウンサーに向いていないのではという疑いが自分の中に残っていたことです。また、スタジオや現場で話すのではなく、机に向かって頭を使うタイプの仕事にも挑戦したいという気持ちもありました。

とはいえ、転職するにあたって投資銀行というのはただでさえ狭き門です。ただ、他の応募者と明らかに異なる私の経歴は、ポテンシャル採用の枠で通用するという勝算はありました。

結果、無事転職できたものの、そのすぐあとに結婚して、夫のスペイン留学への同行を決めたため、長くは勤めませんでした。それでも、マスコミ業界とは全く違った世界を経験することができ、そこで得たスキルや人間関係などは、今も大切な財産となっています。

ＮＨＫ仙台をやめてから結婚してスペインに旅立つまでが、全て２０１４年のできごとです。まさしく激動の一年でした。祖母の死、母の病状悪化、夫の留学など自分ではコントロールできないことばかり続けて起こり、**外部要因に合わせて自分のキャリアをフレキシブルに修正する**重要性を痛感しました。

その一つとして、実はスペインに行く前、もう一度アナウンサーとして働くために、今の事務所であるホリプロにお世話になることを決めました。

「君はやっぱりアナウンサーが向いていると思うよ」

という夫の言葉が復帰の決め手でした。考えてみると、今まで自分が「これに向いている、向いてない」と思うことはあっても、それについて人に意見を求めたことはありませんでした。だから、ここは一つ他人の評価を信じてみようという気になったのです。

とはいえ、海外に住んでいる私にそうそう仕事が舞い込むわけもなく、スペインでは開店休業状態が続きました。やっぱり気持ちは焦ります。そんなときは落ち着かない自分を受け入れつつ、語学や料理など、スペインだからできることに全力投球！　**今の環境だからこそできる、時間をかけてやるべきことに集中**しました。

今の環境でこそできることに全力投球

スペインでは、スペイン語のマスターが第一です。勉強だけではなく、現地の友人とコミュニケーションを取って生の会話を磨くと共に、海外人脈もつくりました。

夫とプライベートで行った旅行も仕事に活かします！写真をたくさん撮って、スペイン生活をブログにつづっていました。

まずは、スペイン語。リスニングとスピーキング、ライティングに分けて勉強しました。一人で家にいる昼間はスピーキングを、夫がリビングにいるときはうるさくないライティングを勉強し、気分転換したくなったらスペイン語の音楽を聴くなど、夫の生活習慣にも配慮して、時間帯でフレキシブルに勉強することを変えました。

母が亡くなったため、しばらく日本とスペインを行ったり来たりしたあと、日本に帰ってきたのは2015年の夏です。そのときから、フリーアナウンサーとしての仕事を再開させました。

ここからの活動は、もしかするとご存じの方もいらっしゃるかもしれません。

やっと復帰できたお仕事。**本気でやるなら圧倒的に勝って、圧倒的に目立ってやる**と野心満々で初めて出場した、テレビ朝日「Qさま!!」というクイズ番組で優勝。ありがたいことに、東大出身、人妻の「学力女王」として注目されはじめました。

それから色々なお仕事をいただき、今ではBSの経済番組にサブキャスターとして出演するようにもなりました。毎日お仕事ができるのは嬉しくてたまりません！

長い自己紹介にお付き合いいただき、ありがとうございました。私の「フレキシブルかつドライ」という考え方は、このような短いながらも波乱の人生で形成されたものです。
次からいよいよ、圧倒的な勝ち組をめざす天明麻衣子の、「効率のいい考え方と仕事の仕方」について、4つの章に分けてお伝えします。

①目標を立てる→②戦略を決める→③実行する→④次（将来）を考える

という順番です。どんどん読み進めて、フレキシブルかつドライに人生をサバイブする思考法と実践術を身につけてください！

フレキシブル
外部要因に合わせて自分のキャリアを修正する

ドライ
本気で臨むからには、圧倒的に勝つことをめざす

第二章

この章では、目標の見つけ方について説明します。

偉人伝を使って憧れの人を見つける方法や、自分の強みと弱みを分析することで、どうしたら憧れの人に近づけるのかを考えていきます。

ポイントは、自分自身のマネージャーになったつもりで客観的に自分を分析すること。そして、他人と比較し、他人に差をつけようと常に意識することです。また、目標を現実にするために、マインドマップで思考を整理し直す方法も紹介します。

圧倒的に効率のいい

目標の見つけ方

効率のいい目標は「憧れの人」

目標、目標って簡単に言うけれど、いったいどうやって探せばいいんだろう？

目標とはすなわち「やりたいこと」に他なりません。でも「やりたいこと」と言われても、それがわからないからみんな悩んでいるんですよね。


子供のころ、先生に「新学期の目標を書きましょう」と言われるたびに困って、当たり障りのないことしか書けなかった私も、目標の見つけ方についてずっと考えてきました。

そうして得た一つの答えは、**「憧れの人を見つける！」**です。


憧れの人。こんな風になりたいなあと、ぱっとイメージが浮かぶような人。

その理想像を、まずはバーンと一番上に掲げてみるのです。そして、そこに近づけるように努力すれば、必ず成功できます。

なぜなら、**憧れの人というのはまず間違いない成功例ですから、その人を真似することで、成功するための秘訣を身につけられる**からです。

「学ぶ」は「真似る＝まねぶ」から生まれたそうですから、「目標ってどうしたらいいの？」と悩んでいるうちは**自分の考えや発想に固執せず、先人の模倣から入る**のが正解でしょう。

気をつけたいのは、手段が目的になってしまうこと。とくに数字を目標にすることは避けてください。

どうしても、「10キロ痩せる」とか、「フェイスブックで1000人と友達になる」など、分かりやすい数字を目標として設定したくなりますよね？

でも、数字はあくまでも手段であって、最終目標ではありません。何かやりたいことがあって、それを実現するための手段として「フェイスブックで友達1000人」があるわけです。

だけど、友達1000人を目標に置いてしまうと、それが達成できたらもうおしまいになってしまいます。いったい何のための行動だったのか、見失ってしまうのです。「憧れの人」を目標に決めることは、このように手段が目的となるのを防ぎます。

また、それだけではなく、**理想像・イメージを掲げることで、より多方面からのアプローチが可能**となります。

「憧れの人」を目標にしよう！

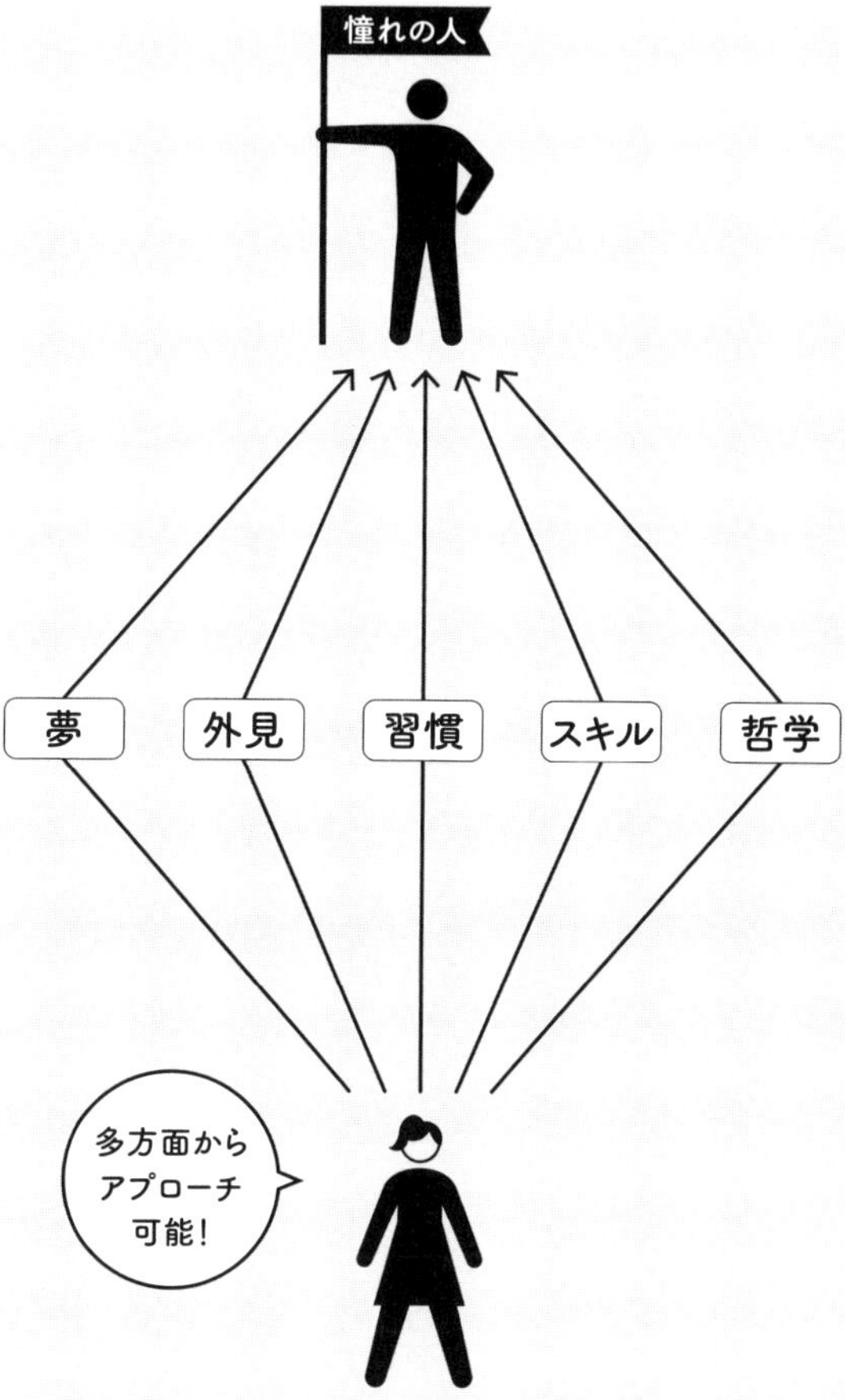

たとえば、「10キロ痩せる」という目標だったら、体重を落とすことしか考える必要はありません。でも「モデルの○○さんみたいになる」という目標だったら、他にも「髪とネイルをきちんと手入れする」とか、「流行りの色を服に取り入れる」など、努力できることは多くなります。その結果、自分自身もより大きく成長できるのです。

なにより、憧れの人というものには夢やロマンがあるのが最大の魅力ではないでしょうか。私は、**最終的な目標には、想像するだけで気持ちが大きくなるようなスケール感がなくちゃだめ**だと思うのです。つらいときでも、そのわくわく感が努力のモチベーションになってくれるはずですから。

たとえばヤフーの現CEOであるマリッサ・メイヤーは、数億ドルもの報酬を手にした世界的な成功者。でもそこに至るまでには、有名大学の大学院から従業員20人ほどだった当時のグーグルに入社というリスクを冒しています。さらにそこで週130時間以上働きながら、優秀な同僚としのぎを削っていたわけです。

もちろん誰もがこんな働き方をできるわけではありません。しかし、「仕事がハードでつらいなあ」と愚痴を言いたくなる人も、「でもマリッサ・メイヤーだってそうだったもん。私もいつか彼女のようになる！」と彼女を目標にすれば、やる気を出すことができるのです。

だからこそ、私は憧れの人に、あまり身近な人を設定してほしくはありません。よく尊敬する人に「両親」や「上司」などを挙げる人がいます。でもそれでは、よく知っている人だけに、先ほど言った夢やロマンに欠けるのではないでしょうか。

あまり壮大すぎると他人に笑われるかなと気にして、小さくまとまる必要はありません。せっかく一番上に掲げるのですから、堂々と大きなことを言いましょう。**自分から遠い存在であればあるほど、近づくための努力はたくさんできるはず**ですよ。

人生をかけてこんな人になりたい、と心から憧れる偉大な人を見つけましょう！

フレキシブル
「憧れの人」を目標にして、多様な面から成長をめざす

ドライ
「この人になりたい！」という夢やロマンを「憧れの人」に見出す

偉人はエンタメでさがせ！

それでは、憧れの人はどうやって探せばいいのでしょうか？
憧れの人にふさわしいのは、やはり偉人と呼ばれる人です。でも、世界には様々な時代に多様な偉人がいますから、その中から自分の目標にピッタリの人を探すのは大変ではないか、と思うのは当然です。

私が**おすすめしたいのは、子供向けの、漫画の偉人伝を読むこと**。

「学習漫画 世界の伝記シリーズ」（集英社）などが有名でしょうか。今さら小学生向けの本を読むことに抵抗があるなら、『大人のための偉人伝』（新潮選書）なども良いかと思います。教科書にはのってない細かな話も書かれていて、「なんだ、この人も小さい頃は問題児だったんだなあ」など、偉人らしからぬエピソードに励まされます。

生まれながらに偉人だった人なんていない。みんないろいろな葛藤や努力の末に偉人と呼ばれるまでになったのだと思うと、それまで雲の上の存在だった彼らが、ぐっと身近に感じられますよ。

そうやって伝記を読んで、共感したところに付箋を貼ったり、他の資料を読んでもっと詳しく知りたいなと思ったときこそ、あなたの目標に掲げる偉人と出会うチャンスです！

あるいはテレビや映画のドキュメンタリーなどから、あなたにとってのピンとくる人物を見つけるのもいいでしょう。

さて、「なんとなくこの人いいな」と思う人が決まったら、そこで終わらせないでください！　そこからが肝心です。漠然と「この人をめざそう！」と考えるのではなく、**なぜいいと思うのか、どういうところに憧れているのか、きちんと分析**してください。そうして初めて、その人に近づくためにどうすればいいのかが見えてきます。

私にとっての憧れは、光明皇后です。聖武天皇の皇后であり、皇族以外から初めて皇后の位についた人でもあります。彼女は藤原不比等の娘なので、藤原氏の台頭を警戒する朝廷の勢力からは、かなり疎んじられていたでしょう。それでも穏やかさと優しさで周囲を味方につけ、慈善事業を積極的に行うなどして、民衆の人気を得ました。

私が光明皇后から学んだことは、逆境でも毅然とした姿を失わず、どんなときも感謝と優しさをもって周りに接していれば、少しずつ味方は増えていく。そして自分が人に助けてもらったら、それきりにせず、他の助けが必要な人に恩返しをしていくということです。

なかなか壮大なテーマで、もちろん一朝一夕に達成できることではありません。しか

偉人を知るには学習漫画がオススメ!

「学習漫画世界の伝記NEXT」
シリーズ
集英社

松下幸之助、安藤百福、小林一三などの実業家もラインナップに入っています。

「学習漫画世界の伝記」
シリーズ
集英社

一度は聞いたことがある有名な偉人をおさえたいならこのシリーズがオススメです!

「小学館版 学習まんが 人物館」
シリーズ
小学館

47巻まで刊行されている定番。他のシリーズではみかけない、幅広い偉人をおさえています。

「学研まんがNEW世界の伝記」
シリーズ
学研教育出版

2014年から刊行。絵柄が比較的新しく、馴染みやすいかもしれません。

し、個人の信頼や好感度（彼女の場合は、それがひいては藤原氏全体の評価につながりました）というものは、そうやって地道に築いていかなければならないんだと、気づかされました。

光明皇后なんて昔の人すぎて、（なにしろ奈良時代ですから）、そこから何を学べばいいんだと思った方もいるかもしれませんね。

でも、現代に当てはめることもできます。

たとえばテレビのレギュラーの枠は限られているので、新しくその枠に入った人は、別の誰かを押し出してしまうことになります。そのため、最初は敵視されることもあります。一般企業の役職についても、同じことが言えるでしょう。

そういうときに大切なのは、人柄の良さだと思います。

能力だけじゃだめ。謙虚に、感謝の気持ちを持って周囲に接すれば、信頼を勝ち取り、自分の評価を向上させることができる。

伝記からは、そんな教訓をも得られます。

「憧れの人が自分の立場だったら、こんなときどうするだろう」と偉人と自分の立場を置き換えてみると、気がつくことは多いですよ！

フレキシブル

子供向けの学習漫画から、「憧れの人」になる偉人をみつける

ドライ

「なぜいいと思うのか」「どういうところに憧れるのか」分析する

「自分マネージャー」になる

憧れの人を見つけることができたら、そこに近づいていくために、**現時点で自分に足りないものや、ここは自分に近いと思える部分について把握しておく**必要があります。このあたりで自分の内部を見つめ直す時間をとりましょう。

就職活動で、「自分の強みや弱みを書きだしてみよう」などといったワークを、あなたも一度はやったことがあるかと思います。私もやってみて、愕然としました。

「うわ、私ってこんなにも何もない人間だったんだ！」

でも、安心してください。みんなそんなものです。むしろ若いうちから社会人として役立つような、何か特別な強みがある人はほとんどいません。

一番よくないのは、「なにか他の人にはないエピソードや特技を持たなければ」と焦って、アフリカ横断など突拍子もないことをやろうとすること。話のネタ作りのためにそんなことをやっても、すぐ見抜かれるし、底が浅すぎて結局話は広がりません。等身大の自分を受け入れてあげてください。

また、「自分の強みや弱みを知る」というとき、友達に助けてもらったことはありますか？

就活の際に、私もクラスの友人に頼まれて、お互いアドバイスし合ったことがありました。

でも、はっきり言って、自分一人でやるほうがいいと思います。

だって、みなさんそういうとき、真面目に答えますか？　正直、私は面倒くさかったので、テキトーにアドバイスしちゃってました。（ごめんなさい！）

他人のほうが自分のことを客観的に見てくれるから良いと考えがちですが、むしろ他人のことなんてそんなに見ていないものです。しかも、本気のダメ出しをすると今後の関係に響きそうですから、厳しい言葉もあまり期待できないですよね。

私がおすすめしたいのは、「他人のフリをしてみる」こと。もっといえば、「**自分を売り出すマネージャーに、自分でなってみる**」ということ。

他人でも、金銭的な利害関係のある相手なら、真剣に強みや弱みを考え、アドバイスすると思うのです。自分という素材を、なんとかして売り出してお金を得たい。そんなマネージャー目線で、一度自分を見てください。どんな小さなことでも、強みとして必死でアピールしたくなるでしょうから。

マネージャー目線から自分を見直す

ありがちなのが、「強みを強みだと気づいていない」ということです。「どうせこんなの大したことじゃない、笑われたらどうしよう」などと思ってしまうのかもしれませんが、これは本当にもったいないです。

ちなみに私の場合、「わからないことがあったらすぐ人に聞ける」というのも強みだと思っています。当たり前のことかもしれません。でも、実は経験が浅い人ほど「こんなことも知らないの？」と他人に思われるのが嫌で、意外とこれができない人も多いのではないでしょうか。

しかも私がいま担当している朝の経済番組は、直前で内容が変わることがあるので、本番前は空気がピリピリします。そういうときに、ニュース原稿にでてくる数字や会社の読み方を確認しようと声をあげるのは、結構勇気がいることです。でも、もし本番で間違えたら自分で訂正、謝罪しなければなりません。そのリスクを避けるためにも、不確かなことをすぐ人に聞けるのは大切だと思います。

このように、「自分のマネージャーに自分でなってみる」というのは有効です。なんとかしてこの人を売り込まないと、お金が入ってこない。そう**切羽詰まると、小さくてもいいからどこかに強みが隠れていないか探す**し、弱みも今から改善すればもっとよくなると、ポジティブにとらえることができます。

ドライ

マネージャー視点から、隠れている自分の小さな強みを探す

結果の出ない努力はムダ

さて、強みと弱みが浮かび上がってきたところで、次の問題が発生します。

「いったいどれから手をつければいいんだろう？」

強みと弱みがたくさん見つかるのはいいことなんですが、何から始めればいいのかわからず、分析したままになっては意味がありません。

私が提案したいのは、「今の仕事との兼ね合いで優先順位を決める」ということです。強みにしろ弱みにしろ、今の仕事にあまり関係のないものはとりあえず置いておいて、**目に見える業務上の成果に直結するものから向き合っていく**のが正解だと思います。

どうしてかというと、まず強みをのばし、弱みを埋めるためにはある程度の期間努力を続けなければならないからです。営業成績があがった、手がけた商品がこれだけ売れたなど、数字が明らかに改善したり、数字にあらわれなくても「資料が見やすくなった」など褒められたりしたら、やる気がアップしますよね。他人にとって認めやすい成果をだすことは、努力を続けるためのモチベーション維持のために、とても大切です。

もう一つの理由は、職場での信頼を得られるからです。職場の人たちから見てわかりやすい努力をすることで、「この人は頑張っているんだな」と感心され、評価も上がることでしょう。与えられた仕事を期待以上の水準でこなすことが周囲に信頼される基本です。そのためにも、**まずは今の仕事に対し、人一倍努力を重ねている姿勢をアピールする**ことを忘れてはなりません。

逆に良くないのは、とにかく自分の弱みを埋めようとすることです。

とくに、優秀な人ほど「自分の欠点を見過ごせない」と思いがちです。エリートといわれる人たちは、何でもこなせるオールラウンダーでいたいという無意識の願望があり、プライドが高いので、人より劣った部分があるのが我慢できません。でもそれが仕事に直結しないなら、割り切って放置したほうが良いのです。

たとえば、仕事でパソコンしか使わない人が、「字が汚いのがいやだ」という理由で書道を習い始めたらどうでしょうか。字は上達したとしてもそれが仕事に生かされることはなく、仕事に対して努力する時間も書道に奪われ、同僚には努力が伝わらず「この人は何をしているんだろう？」と首を傾げられて終わってしまいます。

仕事の結果に直結する努力からはじめる

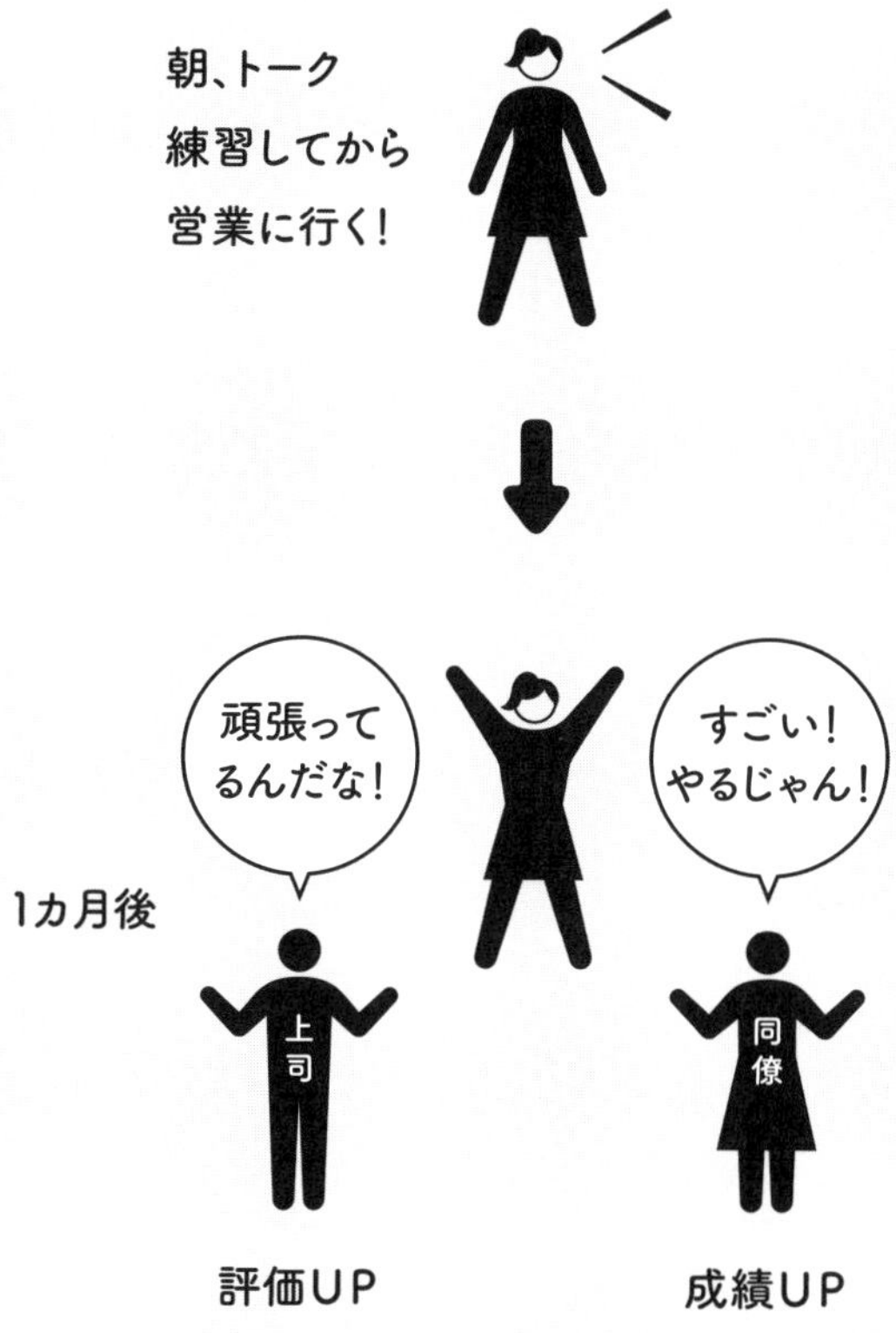

強みをのばす、弱みを埋める努力は、今の仕事に関わるものからはじめましょう。

私の場合、仕事に直結する弱点である「消極的な性格」を消すための努力からはじめ、クイズ番組では「積極性」をだすようにしています。

本当は、自分からガンガン前に出ていくのは苦手なタイプです。でも難しい問題に挑戦したり、出演者同士のライバル対決のようなものを出していったほうが、番組が盛り上がると気づいてからは、引いてしまいがちな自分を鼓舞するようにしています。解答ボタンを押すときにはいつも心の中で、「行け、行け！」と自分で自分を励ましているんです。

そして番組を沸かせるには、やはり難しい問題にも答えられないとダメだと思い、日頃から本や新聞を読んで知識を吸収するようにしています。

自分の知らないことがあったら、すぐにスマホにメモを取って、ネットで調べたりほかの文献をあたってみる。そうやって、歴史上の事件から今の経済ニュースまで、さまざまな角度から一つの物事を見るようにしています。

そうやって、**自分なりに強みをのばし弱みを埋める工夫をしている**と、ほかのクイズ番組にも呼んでもらえる機会が生まれます。

適切な努力をしていれば、見てくれる人は必ずいますよ！

ドライ

仕事に対する強み・弱みから向き合い、まずは評価される結果を出す

他人とくらべないと意味がない

業務上の成果に直結するものから、強みや弱みに向き合っていこう。そう決めたとき、必要になってくるのが、**「自分を周囲とくらべて相対評価すること」**です。相対化によってはじめて、周りが必要としている能力や、今の職場で自分の埋めるべき役割がわかるからです。

よくあるのが、自分による自分の評価と他人による自分の評価が一致していないこと。たとえば、自分では「営業トークが得意」とか「資料作りが丁寧にできる」などと自信のあることほど、実際には「話しすぎで営業効率が悪い」「資料作りのスピードが遅い」と実は周りから低い評価をされていることがあります。

その理由としては、周りを納得させられるだけの客観的な根拠に欠けていることが挙げられます。一番わかりやすい客観的な根拠といえば、数字です。「売上成績ナンバーワン」「作った資料で競合とのプレゼンに10連勝している」など、自分がほかの人より抜きんでているということを数字とともに示すことができれば、周囲もそのすごさを客観的に評価することができます。

自分の強みと弱みを他人とくらべることは、新しい発見をもたらしてくれます。自分の中では弱点だと思っていたことが、周りを見たらもっとレベルの低い人がたくさんいる。そんなときは、ちょっと伸ばしてあげるだけで、逆に武器になってくれるかも。あるいは、自分では強みのはずだったけど、得意としている人はいっぱいいいて、差別化できるほどじゃないぞ、とか。

どのように仕事をするかを考えるうえで、他人とくらべることは重要な指針となってくれるはずです。

何かを他人とくらべるとき、先ほどのように目に見える数字で比較するのが一番簡単。英語だったらＴＯＥＩＣの点数、ほかにも営業の契約件数や資料の作成にかかる時間など、探せば何かしらあると思います。

数字でなくても、職場の共通認識とくらべてみるのでもいいでしょう。たとえば、自分の強みを活かせる仕事があった場合、今その仕事を任されている人や、部署でいちばん得意！　とみなされている人のスキルと、自分の強みをくらべてみてください。とにかく職場において、自分の**強みや弱みが相対的にどれくらいの位置にあるのか、しっかり把握**し

強み・弱みを、数字と職場でくらべてみる

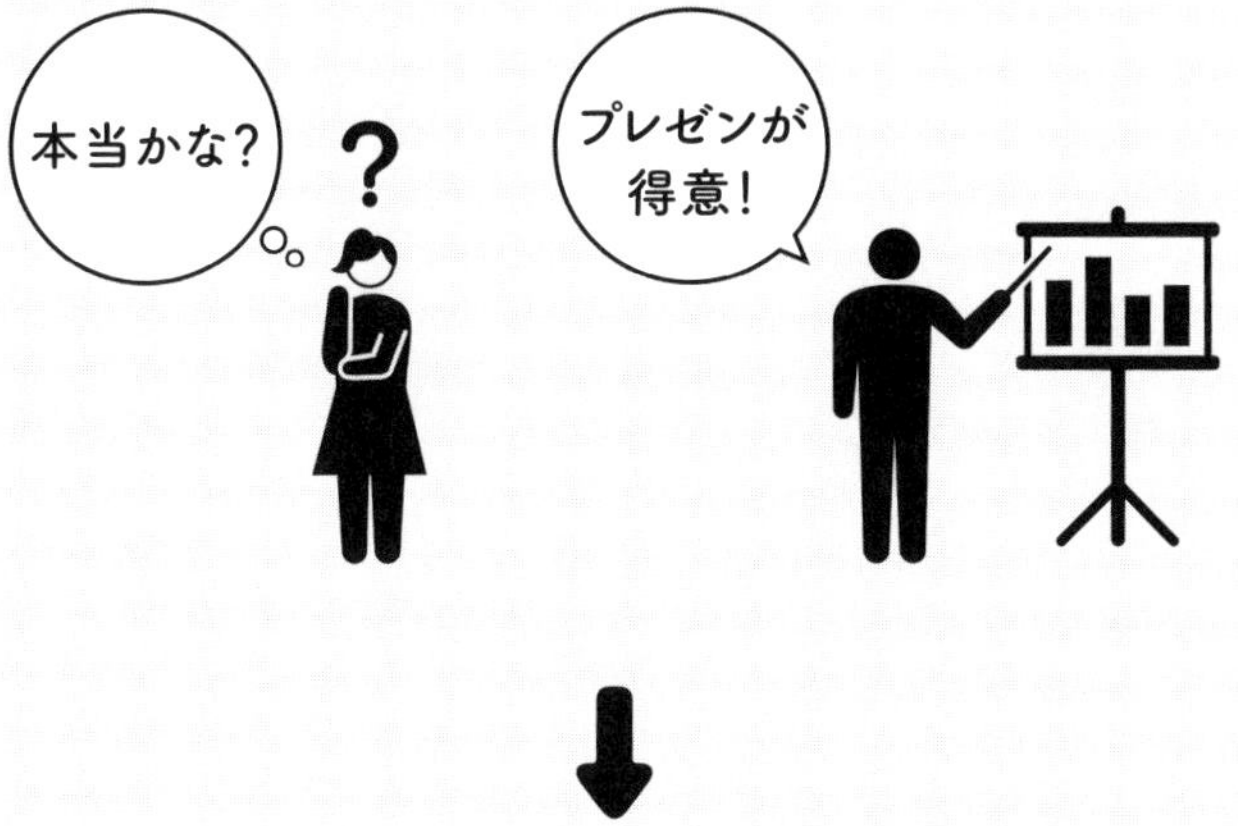

①数字で比べる

- 競合に対し10連勝
- 1時間で20枚資料を作れる

②職場で比べる

- ベテランの○○さんの方が資料作成が上手い
- 同期の中では一番任されている

ておきましょう。

そうすることで、気がつくと**周りが必要としていない能力や競合が多いスキルを伸ばしていたという、無駄な努力**をしなくて済みます。仕事は、自分に適したリングに合った戦い方をするのが最も有利です。どのリングで戦うのか、しっかり考えましょう。


私がNHK仙台放送局にいたころの強みは、インタビューでの仕切りや生放送での瞬発力。弱みは原稿読みでした。

原稿読みは他のキャスターに比べて経験が浅かったので、毎日こつこつ練習を重ねるしかなく、急激な成長は望みづらい。しかもせいぜい人並みになるだけで抜きんでることはできないだろう。だから、そこで必要以上の努力をする価値はあまりないと割り切ることにしました。

一方、インタビューで聞きたい答えを相手からうまく引き出したり、話の流れを修正したりする力は比較的あると評価していただいていました。インタビューは、ある意味その場限りの1対1のセッションのようなものですから、得意不得意が分かれるかもしれません。

なので、インタビューの際は事前に相手の情報をしっかり頭に入れ、想定した流れを意識しつつ、相手の反応によってはアドリブで質問を入れて新しいエピソードを引き出してみたりという風に、臨機応変に、聞きごたえのあるインタビューとなるよう工夫しました。
また、ラジオの生放送に時々登場して、メインのアナウンサーの方と掛け合いをすることがあったのですが、平凡な返しにならないよう、ちょっと面白いことを言ってやろうと、いつも頭をフル回転させていました。するとリスナーや局内の方から、「天明さんの話は面白くて楽しみにしている」と言っていただけるようになりました。

どこを伸ばすか、周りと比較しながら検討すると、より効率的に評価を得られますよ。

フレキシブル 強み・弱みを他人と比較し、周りが必要としているものを伸ばす

小さな仕事で差をつけろ

今まで述べてきた、「強みや弱みを理解して、それを周囲と比較する」やり方。実はこれには一つ弱点があるのですが、お気づきになったでしょうか？

それは、能力や評価を上げるために取るべき行動が、どうしても自分で知っていることや分かっている事柄に限られるということ。それで本当に十分なのでしょうか。周りが必要としていることはもっと他にもあるのではないでしょうか。

でも大丈夫。相対化のために周囲をよく観察するようになると、いろんなことが見えてきます。なかにはきっと、「自分にとっては強みを伸ばすことにも、弱みを無くすことにもならないけれど、職場が必要としていること」という**今まで自分が気づかず、考えもしなかった新しいニーズ**があるはずです。そういう発見のチャンスに直面したとき、どう対応するかで、あなたの評価は変わってくるでしょう。

たとえば、朝の掃除やコピー取り、電話の応対など、いわゆる「小さな仕事」ってありますよね？　業務といえるかわからないくらい小さくて、意識していないと疎かになりがちなもの。でも、そういう仕事ほど、職場には欠かせません。周りを見てその小さなニーズに気づき、自ら応えに行くことが重要なのです。

さぼっている同期がいたら、むしろチャンス！

その人の分までやってあげて、職場の中で評価を上げちゃいましょう。そんな小さいことで評価を上げられたら、むしろラッキーじゃないですか。後輩をもつ年齢になって気づきましたが、**率先して言われたこと以上のことをやる**後輩って、本当にかわいいですよ。そのうち、もう少し大きな仕事までお願いしたくなります。

しかも、電話に積極的に出ることで他の部署の人との面識が増えたり、コピーを渡すことで部署の偉い人と話すきっかけができたりと、**小さな仕事そのものにもメリットはあるはずです。**

もしかしたら、それを自分の強みにできるかもしれません。

実は、優秀な人ほどこういったことが苦手なように思われます。

自分は努力していて何でも知っているんだという驕りがあって、周りに目を向けることがなかったり、小さな仕事だから自分がやらなくてもいいと勝手に判断してしまうこともありがちです。

小さな仕事にチャンスを見出せ！

	チャンス！
①電話受け →	社外や、他の部署との面識が増える
②オフィスの掃除 →	他人に貢献している姿勢をアピール
③コピー取り →	他の人がどんな仕事をしているか把握
④資料・郵便物の配布 →	コミュニケーションのきっかけに
⑤お客様へのお茶出し →	会議・商談の雰囲気をつかめる
⑥飲み会の幹事 →	プロジェクトやイベント運営のリハーサル

どんな人でも、**周囲に気を配れば新たな発見がある**はずですから、それを柔軟に素直に取り入れて活かすことを考えましょう。

私にも周りを見ていなかったことによる苦い経験があります。

ＮＨＫ仙台放送局に入ったばかりで、目の前の仕事で手いっぱいになっていたころ。担当していたラジオの音楽番組のプロデューサーにこう言われました。

「慣れてきたら、台本を自分で書けるようになろうね」

そうなのです。それまで私は、当たり前のようにそのプロデューサーが書いた台本を放送で使っていました。でも他のラジオ番組をよく観察すると、台本はみな出演するアナウンサーが書いていたのです。

「私の仕事だったんだ！」

とそこで初めて気づきました。もっとちゃんと他の番組の様子を見たり、アナウンサーの人たちに話を聞いたりしていればよかったと反省しました。プロデューサーも、私がまだ新人で余裕がないのを分かっていたので、なにも言わずに代わってくれていたのですが、その気遣いを全くわかっていなかったのです。

その後は私も台本書きに力を注ぎ、それだけでなく演出にもこだわって、どうしたらリスナーの方に1時間飽きずに聴いてもらえるか工夫するようになりました。アナウンス、企画、演出と一人何役も行い、番組を多角的に捉える目を持てたのは、今の私の財産になっています。

自分がやらなければいけない仕事をまずこなし、そこで終わらず、周りを見て少しでもできることがないか模索する大切さを学びました。

フレキシブル

周りを見て、他の人がやらない「小さな仕事」で差をつける

紙とペンで目標を現実に

突然ですが、みなさん最近「**紙に字を書く**」ことをしていますか？

この章で考えてきた目標のつくりかた、目指す偉人や自分の強み・弱み、そして周りのニーズ……。頭で考えるだけ、本を読むだけで終わってしまっては、全て水の泡ですよ！

たしかに私もパソコンやスマホを使うことが多くて、紙に字を書く機会は学生時代とくらべて格段に減ってしまいました。でも、考えをまとめたいとき、頭の中にもやもやとわだかまっていることが何なのか知りたいときは、絶対に紙に書き出すことにしています。

白い帳面に思いつくことを書き出していくと、「この二つは、まとめてこう表現できるな」とか、「今まで関係ないと思っていた事柄は、全て同じ原因から発生していたんだ」など、頭の中でばらばらになっていたアイデアが、きちんとボックスにわけて収納しなおされ、それらが矢印でつながっていきます。

そうすることで、それまでただのひらめきだと思っていたものにきちんと根拠を見出せたり、思考をもう一段階深めることができるのです。

だから、ここまで読んで考えてきた目標とする偉人のことや、自分の強み・弱みについて、すぐに紙に書き出してみることをおすすめします。

特に**「マインドマップ」という手法は、頭の中の整理をするのに大変役立ちます。**

これは、ひとつテーマを設定して、それに関連するワードを、まずは思いつく限り書き出してみるという方法です。そして、ワード同士がどのような結びつきを持っているのかを考え、孤立しているそれらを矢印で結んであげる。そうしていくうちに、まるでクモの巣のようなオリジナルの「思考の地図」ができあがります。

「目標としたい偉人」でいえば、その人の魅力を書き出すところから始めます。

それから、どうして魅力に思うのかを考えます。自分にも似たような性質があるから共感するのか、それとも自分とは違うから羨ましいのかで、矢印の向きがかわってくるでしょう。そして、自分の幼少期のエピソードなど、関連しそうな事柄を思いつく限り書き出します。

やっていくうちに、「私は昔こんな体験をしたからこういう性格になって、だから正反対の人に憧れるんだな。じゃあまずは、昔と反対のことを経験してみればいいのかも」など、いろいろなことが結びついていきます。

マインドマップで思考を整理する

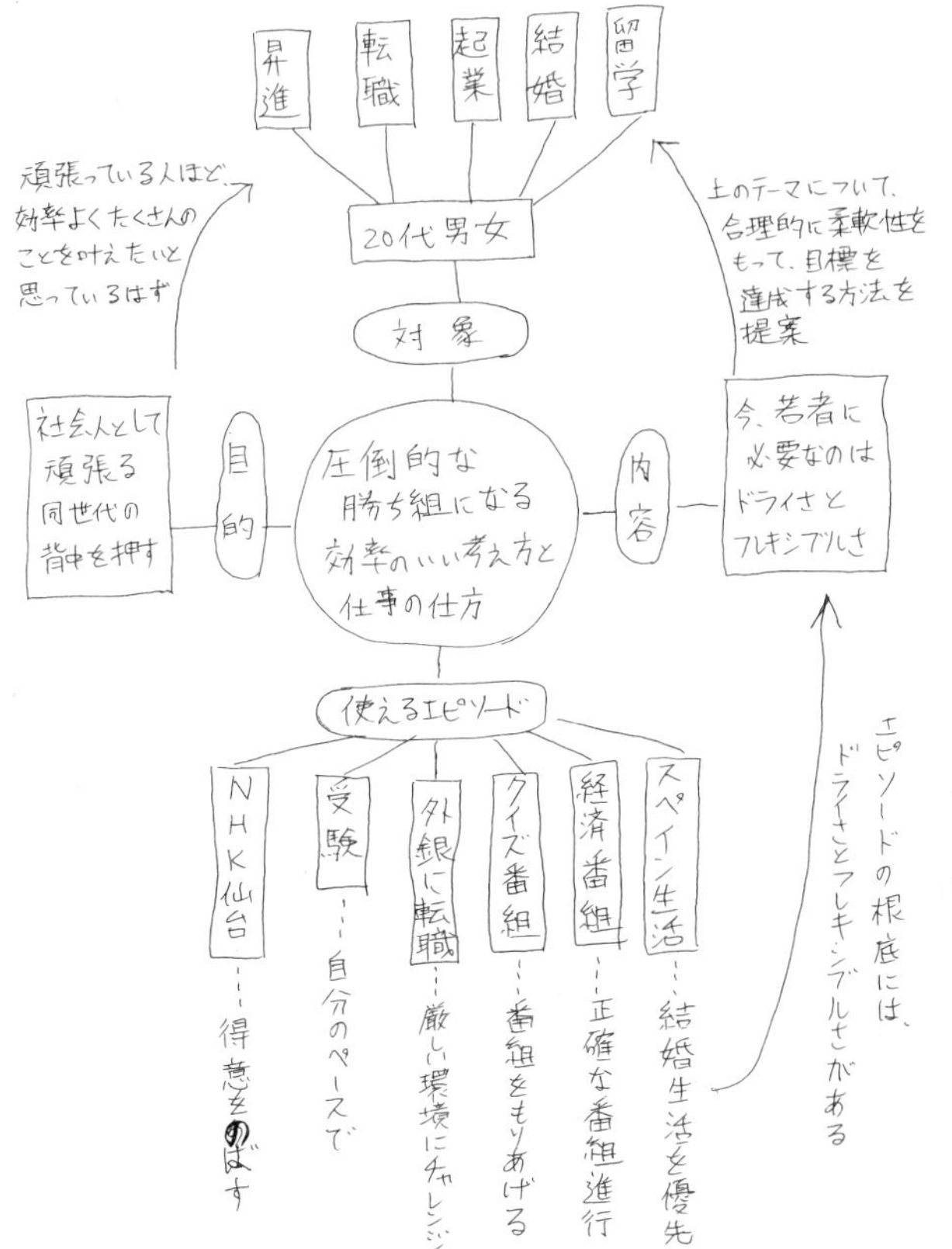

本書を執筆する際に書いたマインドマップです。実際に手を動かして、「誰に、何を、なぜ、どう伝えたいのか」を明確にしていきました。

慣れてくると、自分の思考が普段いかに薄っぺらく表面的なのかがよく分かってきます。思考には必ず流れがあります。しかし、自分でも意識するのは難しいものです。だから、つい「なんとなく」という便利ワードで片づけがち。

時々はこうやって、**目に見える形で思考を整理**してあげることが重要です。

また、「紙に書き出す」というと、だらだら長い文章を書きはじめる人がいますが、これはNG。

文章で書くと、他の出来事との関連性が見えづらくなります。それでは思考が体系化できません。書き出すのは単語にとどめて、いくつかの単語を四角く囲むなり、矢印で結ぶなどして、結びつきがはっきりわかるようにしましょう。

書き出す紙のサイズや罫線の有無については、自分が使いやすいものでいいと思います。私は、A4の真っ白な紙をよく使います。標準的なコピー用紙で手に入れやすいですし、さっと書きつけてファイルにいれて管理できます。ノートだと、「あっ、1ページとばしちゃった」など小さいことを気にしてしまうので私は使いませんが、ノートのほうがいいという人はそれでも構わないでしょう。

ただ、スマホやパソコンはおすすめしません。これらのツールは、どうしてもメールやチャットなど余計な情報が視界に入りやすく、集中しづらいもの。じっくり己と向き合うにはどうなのかな、と思います。

個人的には、**シンプルな手書きが一番**。電池の残量を心配する必要もなく、ワードやエクセルのフォーマットを気にすることもなく、ただ書きたいように書ける。単純だけどそれで十分です。

例を参考に実際に手を動かして、ここまで読んできて考えたことをまとめてみてください。

フレキシブル

目標とする偉人や自分の強み・弱みを、紙に書き出してみる

ドライ

マインドマップで自分の思考の流れを目に見える形で整理する

第三章

この章では、目標を現実のものとするための戦略の立て方について説明します。

大切なことは、短期的な計画と中期的な計画の二つを同時に進めること、予備を用意すること、ゆとりを持たせることです。

困ったときには、抱え込まず信頼できる人に相談しましょう。また、数字目標もところどころに設定すると、進み具合を確認する目安になります。

そして最後に、計画はあらかじめ手帳に書き、やらざるを得ない状況に自分を追い込みましょう。

圧倒的に効率のいい

戦略の立て方

計画は二つ同時進行で！

自分がこれから何をしなければならないのかが明確になったら、それを計画に落とし込む作業を始めましょう。ここで提案したいのは、**「二つの計画を同時進行させる」**ということです。

一つ目は、1か月程度の短期的な計画、二つ目は3か月程度の中期的な計画です。短期的な計画は、すぐに取り組むべき即効性が求められること。中期的な計画は、将来の仕事の質を上げるため、即効性は低くても今から取り組むべきことと考えればいいでしょう。

同じ課題について、短期と中期という二つの目線からアプローチをすることはとても大切です。

短期的なアプローチは即効性を重視するので、どうしてもきつい方法になることが多くなります。だからそればかりやっていると、苦しくなって途中で挫折してしまいます。せっかく結果が出ていても、あっという間に元通りになってしまってもったいないですよね。

逆に中期的アプローチだけだと、目に見える結果がなかなか出ないので、「本当にこれってやる意味があるのだろうか?」と疑ってしまい、次第にやらなくなってしまいます。

ダイエットを考えてみれば分かりやすいですね。集中的な食事制限だけではリバウンドしやすいし、体質改善のための有酸素運動だけではそもそも体重が減りづらい。**短期と中期の計画をうまく組み合わせることで、「苦しすぎず、結果が見えやすい」という続けやすい努力が可能**になります。

二つの計画を同時に進めるというと大変そうに聞こえるかもしれませんが、もちろん毎日両方に取り組む必要はありません。

たとえば「営業力を高めたい」のなら、短期的な計画は「1件ごとに営業トークを工夫する」として勤務中に行い、中期的計画の「業界周辺分野の知識を身につける」を週末に行えばいいのです。おそらく配分としては短期的な計画に使う時間のほうが多くなると思いますが、仕事の忙しさによってその配分はフレキシブルに変えて構いません。

日々の生活が忙しい多くの人は、短期的な計画を立てることしか考えられていないのではないでしょうか。でも短期的な計画だけでは、どうしても場当たり的な、その場しのぎの対応に終始しがちです。1か月でできることに、じっくり3か月かけて達成できるような努力も加えることで、より良い結果を確実に得ることができます。

短期・中期の計画を同時に立てる

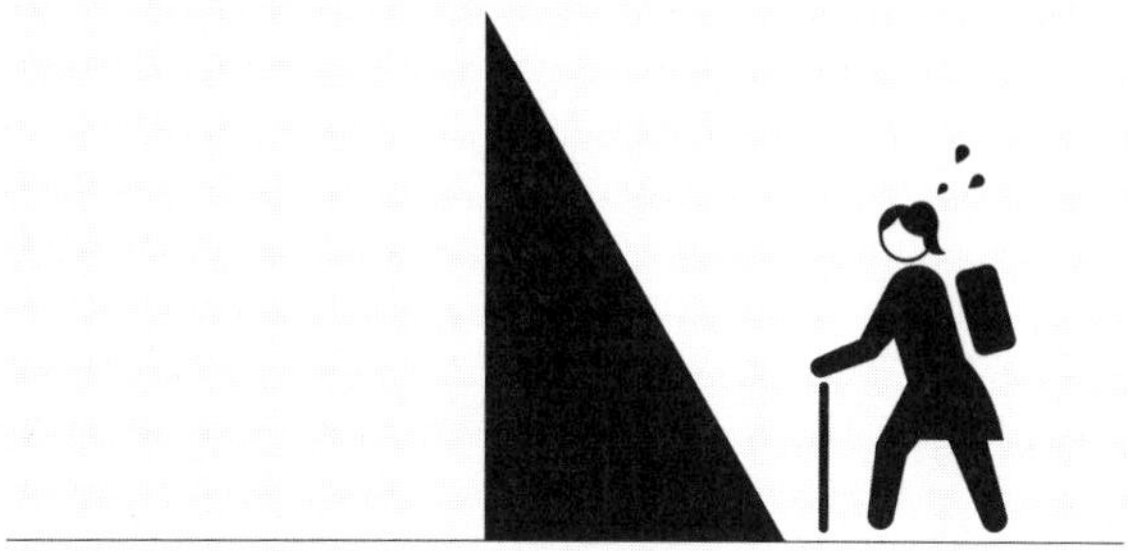

短期＝即効性◎ コスト×

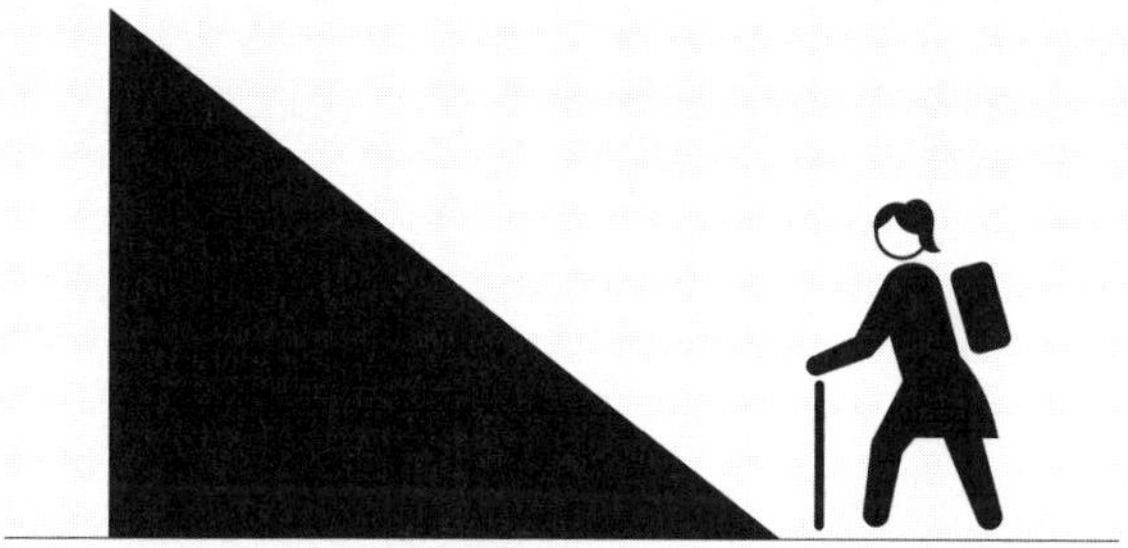

中期＝即効性△ コスト○

私がＮＨＫ仙台放送局にいたときは、「アナウンサーとして一人前になる」ために、短期と中期の二つの計画を立てました。

短期の計画は、「毎日の放送でミスをしない」。原稿を噛んだり、漢字や数字を読み間違えたり、放送時間に収まりきらなかったという「誰の目にも明らかなミスをしない」こと。それがアナウンサーとしての最低限の責任だと思ったからです。

「放送中も常に残り時間を意識」「原稿の下読みで必ずアクセント辞典を引く」など、即効性があり達成しやすそうな計画を立てては、次々に実行していきました。

そして中期の計画は、「表現力をつける」。短期の計画はいわばマイナスをださないことを目指すものでしたが、それではアナウンサーとしては、赤点ギリギリのレベル。一人前のアナウンサーとはとてもいえません。

だから情報の伝え手として少しでも表現力をつけて、プラスを狙おうとしたのです。金曜にその週の自分の放送を観なおして、視聴者の立場から理解しづらい部分はなかったか反省していました。

また、週末にベテランのアナウンサーから明るく元気よく声を届けるためのアドバイスを聞きに行くこともありました。

表現力というものはすぐには身につかないので、その対策だけやっていても、「ミスは多いし表現力もまだまだの中途半端な人」という、一番残念な評価で終わったことでしょう。

人は、結果を見てすぐ相手を評価します。

即効性のあるものとないものを賢く組み合わせましょう。

ドライ

短期と中期の計画で、「苦しすぎず、結果が出やすい」努力を続ける

異なるベクトルで二つの計画を

さきほどの「二つの計画を同時進行させる」は、短期・中期の計画どちらもターゲットは同じで、仕事に関するものでした。

でも、もしあなたに仕事以外の夢があったとしたら、今の仕事のことにばかり時間を割くわけにはいきませんよね。

そういうときは、**異なるベクトルで、二つの計画**を立てても全く問題ありません。

大学院入学、留学、転職、起業、結婚……。考えてみれば、仕事以外の目標や夢なんていっぱいあります。今じゃないけど、いつかやってみたいこと。でも「いつか」と思っているだけでは、いつまでたっても現実化することはできません。今の仕事と並行してそれらの夢のための準備をするにも、この短期・中期計画はかなり有効です。

「でも大学院や留学を考えるなら、1年以上前から準備すべきじゃないの？　それなら中期ではなくて、長期的な計画が必要なんじゃない？」と思う方もいるでしょう。

しかし、この場合もやはり、長期より中期のほうが使い勝手がいいのです。

たとえば1年後に留学をしたい場合、「3か月でTOEFLの点をこれくらい上げる」

「次の3か月で情報収集をして留学先を絞り込む」など、いくつかの中期計画に分割することができます。高いハードルが遠くに一つあるよりも、低いハードルが道の途中にいくつかあるほうが、いつまでに何をすればいいのかが見えやすくなります。だから、中期的計画を順番にこなしてくほうが、ひとつの長期的計画を達成するよりラクなのです。

また、人生は何が起こるか分かりませんから、半年後に急な展開が待っていることも十分あり得ます。

いきなり転勤することになって、希望の大学院を受験することができなくなる可能性もありますよね。そういうときに「大学院に入る」という長期計画だと、「うわー、大学院に入れなかったらこれまでの努力が水の泡だ」とショックが大きくなります。

でも中期計画に分けていた場合、「まあ、TOEFLの点数を上げることはできたし。英語は仕事に使えるから」と気持ちを切り替えやすくなります。

中期計画はハードルが低い分、ほかのことにも応用しやすいという汎用性の高さが魅力です。

3ヵ月以上かかる計画は分割する

- いつまでに何をすればいいか分かる
- 状況が変わっても応用が効く

短期・中期のうちどちらを現在の仕事に、どちらを将来の夢にあてるかは、その時の状況で柔軟に判断してください。

今の会社にしばらくいるつもりなら、短期計画は仕事関連にして、職場での評価を確保しておくのも手です。でもすぐに会社を辞めてビジネスを興すつもりであれば、起業について短期計画でみっちり準備したほうがいいでしょう。

私は、去年まで滞在していたスペインで、二つのベクトルによる短期・中期計画を使い分けていました。

短期計画はずばり「日常生活に必要なスペイン語をマスターすること」、中期計画は「フリーアナウンサーとして帰国後に活動する準備をすること」です。

マドリッドでは、夫が授業に行っている間、ひとりで銀行や買い物などの用事をこなさなければなりませんでした。なので、日常会話程度のスペイン語は早急に覚える必要がありました。とりあえず平日は語学学校や自宅で簡単なスペイン語の勉強を続けていましたが、同時に、日本に帰ってから必要となるのはスペイン語ではなく、アナウンサーとしての力量であることも分かっていました。

だから、アナウンス力が落ちないように、発生練習や滑舌の練習を毎朝すこしずつ行っていました。また帰国が近づいてからは、ネットで日本のクイズ番組を調べたりして、自分が出演できたらと想定してイメージトレーニングなどもしていました。

そのかいあって、今クイズ番組や経済番組に出演することができています。もし当時スペイン語の勉強しかしていなかったら、帰国後に仕事で順調なスタートを切ることは難しかったでしょう。

人生には様々な転機がありますから、短期と中期の計画をうまく使い分けて、いくつものステージで輝ける人になりましょう。

フレキシブル

「仕事」と「仕事以外」の異なる目標を二つの計画ですすめる

ドライ

一年以上の長い計画も、3カ月の中期計画に分け、ひとつずつクリアする

計画倒れにならないための備え

「短期と中期の計画は立てたぞ！　あとはもう実行するだけ！」

そうやってやる気に満ち溢れているときに限って、不測の事態というものはやってきます。急に別のプロジェクトの応援に入れられたり、突然の事故で発生した問題の対応に追われたり、あるいは自分が体調を崩してしまったり。

計画をいかにがっちり作りこんでいたとしても、自分や周りに不測の事態が生じてそれを実行できなくなってしまったら、何の意味もありませんね。

多くの人が、一度や二度はこの「計画倒れ」に悩んだ経験があるでしょう。だからこそ、計画を立てっぱなしにせず、その「実現性」を高めることがとても大切なのです。

方法として挙げられるのは、**予備の計画を用意しておく**こと。

小学校の遠足で、晴れたら動物園だけど雨が降ったら博物館、なんてことありましたよね？　もちろんゾウやキリンを楽しみにしていた人にとっては、動物園に行けなくなったことはとても残念です。でも少なくとも、学校でいつもと変わらない授業を受けずに済み、博物館で展示を見て過ごすことができたわけです。雨が降ったからどこにも行けない、というのは一番良くない状況ですからね。

最悪の事態を避けるための代わりのプランは、とても大事です。

天気と同じで、人生も何が起きるか分かりません。いつだって、ベストな選択ができればそれが一番。でも諸事情でそれが叶わないとき、「まだまし」と思える選択肢を残しておけば、ベストな選択肢を失った衝撃をやわらげることができるのです。

だから計画を立てるとき、私はいつも**メインとなるプランAの予備を2つまで考えておきます。**

たとえば、知人と会って、なにか新しい仕事の話がないか探ってみようとするとき。「まずは、一番長い付き合いで可能性がありそうなAさんに会ってみよう。もしAさんが今は一緒に仕事をする気がないようだったら、次はBさんにアプローチしてみよう。最近知り合ったばかりだけど、この業界には詳しいみたいだし。それでもだめだったら、新規の仕事の開拓は諦めて、当面は既存の仕事の質を上げるのに専念しよう」という風に。

こうやって、プランをA、B、Cまで準備しておけば、本命のAさんに断られても、自分の仕事の幅を広げ、質をあげる努力がなにかしらできます。そうやって頑張っていれ

「本命」と別に2つの予備プランを立てておく

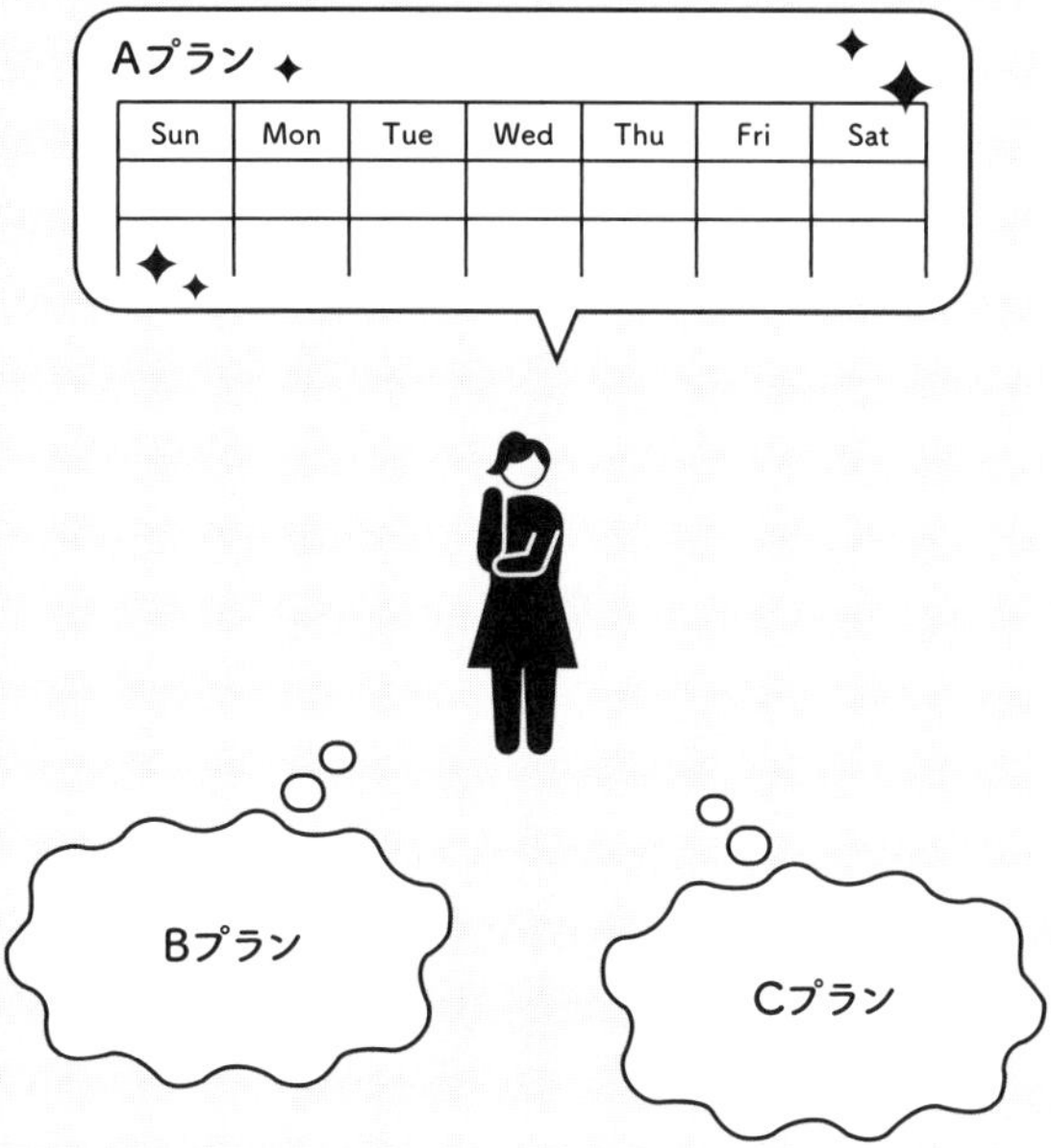

●本命プランはしっかり立てる!

●予備プランは「念頭に置く」レベルで十分

ば、いずれAさんから仕事の話が来るかもしれません。

どんなときも、計画がうまくいかない場合にどうカバーするかを考えておいてください。

「え、短期と中期の計画を立てるだけでも大変なのに、予備まで用意するの？　なんだか大変そう……」と思う方も多いでしょうね。

でも、心配いりません。**予備のプランはかっちり作りこむ必要は全くなく、「念頭に置く」くらいで十分**です。そもそも、プランAが一番優先度の高い、いわば100点満点の計画なのですから、それに続くプランB、CはAより見劣りして当たり前なのです。

見劣りするプランに時間を割きすぎるのは無駄なこと。

それよりは、先ほどの例で言えばAさんが今手がけている仕事について研究するなど、プランAの中で発揮すべき自分の力を磨くことに時間を使い、最優先の計画の実現度を高めるほうが効率的です。

フリーアナウンサーはとくに、仕事が直前まで決まらないことが多々あります。土壇場で撤回されたり、逆に「明日空いてる？」と連絡が来ることも。

不測の事態が多すぎるからといって、正式なゴーサインが出るまでに何の準備もしていないと、いざ出演できるとなっても力を発揮できません。

そこで、出演できた場合の準備のほかに、出演できなかったときは何をするかまで、いつもセットにして考えるようにしています。そうすれば、急にスケジュールが空いても必要以上にへこまず、次に備えることができるのです。

予備の計画を考えておくことで、物事がうまくいかないときも被害を最小限に留めることができますよ。

フレキシブル

予備のプランを2つ「念頭に置く」レベルで計画しておく

ゆとりある計画のススメ

自分や周りに不測の事態が生じた際に、せっかく立てた計画が無駄にならないようにするにはどうしたらいいのか。続いて私が提案したいのは、**はじめから余裕をもった計画にしておく**ことです。

予備のプランを準備するということはすでにお話ししましたが、予備ではない本来の計画に、あらかじめゆとりを持たせておくと、たとえば風邪で寝込んでしまって1、2週間ずれこんだり、急な出張が入って数日の間それにかかりきりになったりしたとしても、きちんと遅れを吸収することができます。

ゆとりを持った計画を立てることのメリットは、予備のプランを持ち出す必要がなくなるということ。予備はあくまでも予備。挙げられる成果は、やはり当初の計画より見劣りしますから、多少遅れが生じたとしても、できることならプランAで通したいですよね。

たとえば「プレゼンで他社に勝てるようなスライドを10枚分つくる」という計画があるとします。期限は2週間。その場合、1日あたり1枚ずつ、10日間かけてつくったとしたらどうでしょうか？　全体像が見渡せるころには、もう残り4日しかありません。細かい修正だけですめばいいですが、そこから抜本的な直しをすることは難しくなります。

それよりも、最初の日に全体の流れを決めておいて、1日あたり2枚つくれば、6日間でできあがります。7日目に全体を通して確認し、修正点を話し合う。10日目までに修正を終わらせて11日目に再度全体の確認をして話し合い、残りの3日間で最後の修整を行う。そうすれば、じっくりと時間をかけて方向性を話し合いながら、調整を繰り返して納得のいくスライドに仕上げることができます。決してきつい計画ではないので、1日くらい作業ができない日があっても、問題ないでしょう。

ポイントは、**「早めに全体像を捉えておく」**ことです。ゆるい計画にしたのはいいけれど、初めのところばかりじっくりやっていては、いつまでも先に進みません。完璧主義の真面目な人ほど細部にこだわりがちですが、そこはぐっとこらえて、一旦終わりまで見ておきましょう。そうしないと、全体を見失ってしまいます。

とりあえず、まずはバーッと最後まで見渡してしまいましょう。それから、キャンバスを大きな刷毛でざっざっと塗っていくように、徐々に細かいところを埋めていきます。そのほうが、あらかじめ全体の流れが頭に入っているので、より効率的に仕事を進めること

ゆとりプランで早めに全体を捉え、修正していく

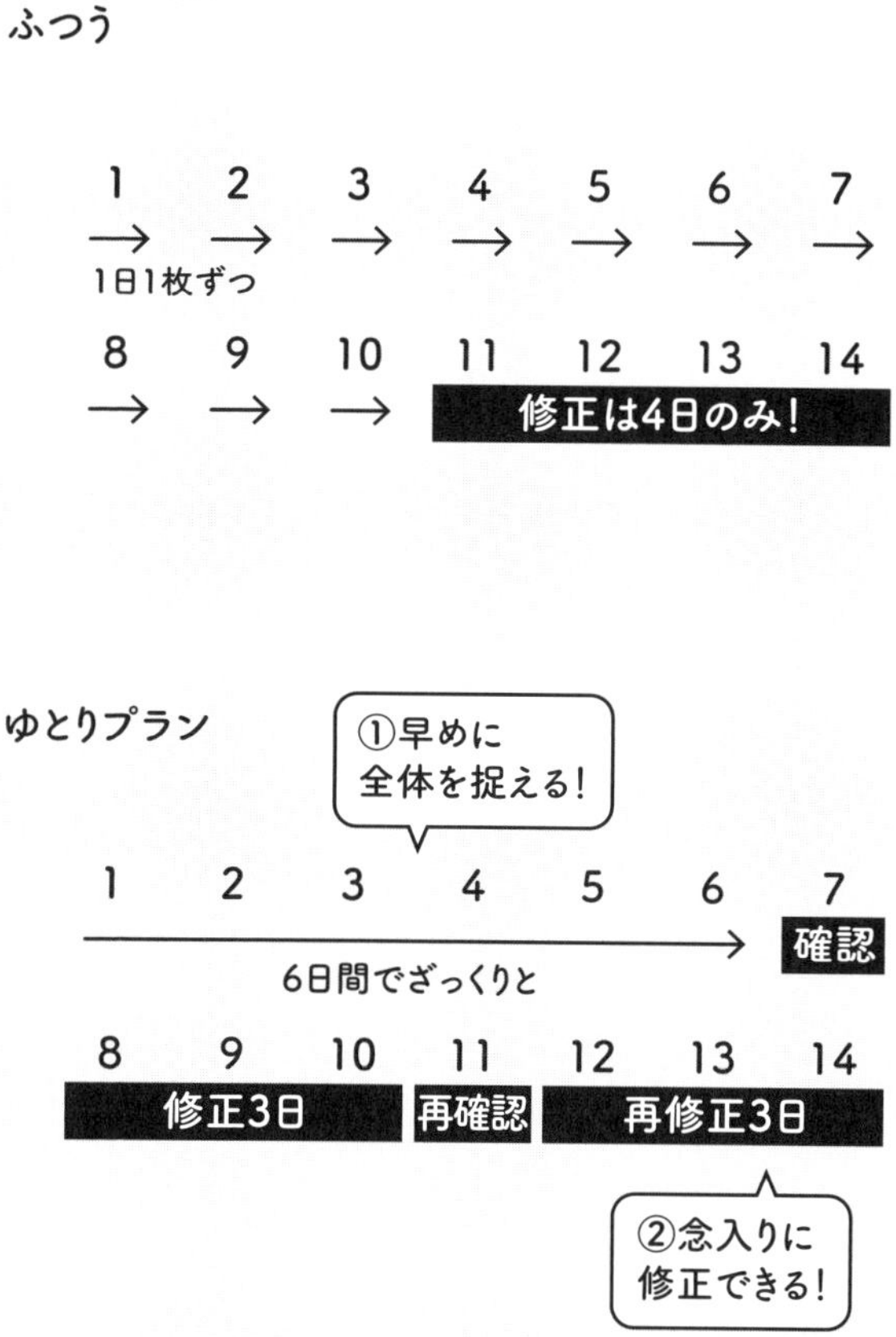

ができますよ。

また、真面目な人ほどありがちなのが、「綿密すぎる計画を立てて、それをやりきろうと無理をしてしまう」こと。

「自分はこれくらい頑張れるはず」と思ってぎっしり詰まったスケジュールを組んでしまい、それを遅れのないよう実行しようと張り切りすぎて体調を崩したり、ほかの業務の時間が取れなくなったりするなど、結果的に周りに迷惑をかけてしまうのです。

自分の能力や体力を過信してはいけません。**「私だったらこれぐらいできるだろう」と自分で思う量の7〜8割程度に抑えたほうが、確実にこなす**ことができます。

スケジュールというものは、自分のせいだけでなく、上司や取引先などの外部要因でいくらでもズレが発生し得ます。ゆとりをもたせておかないと、破綻する可能性が大きくなるのです。

私がNHK仙台放送局で昼の情報番組を担当していたとき、自分で展覧会のコーナーの台本を書いていました。

まずは全体の流れを頭でイメージしておいて、絵などの作品を紹介するタイミングを決めます。そのあとようやく、具体的なセリフをいれていくのです。そうやって作った台本も、上司にダメ出しされて何度も修正をしなければいけません。放送に間に合うよう、ゆとりを持って原稿を作る重要性を学びました。

ゆとりのある計画は、自分にも、周りにもやさしいといえます。

フレキシブル

ゆとりをもち、まずは全体像を捉え、修正で対応できるようにする

ドライ

自分ができると思う量の「7～8割」で計画を立て、確実にこなす

頼れる人、いますか？

いざ計画を進めていると、「困ったな」「誰かの意見を聞きたいな」と思うときが出てくるはずです。計画と言っても別に極秘のミッションではないのですから、**迷ったときは抱え込まずに、周りの人に相談**してみましょう。

家族、学生時代の友人、職場の同僚……。周りの人って、意外と自分にはない経験や知識を持っているものです。取引先への英文メールに自信がないときには、帰国子女の友人に添削してもらったり、エクセルをもっとスピーディーに使いこなしたいなと思ったら、ショートカットキーの達人である先輩に教わったりもできます。

自分一人で行き詰ったときには、素直に周りの力を借りましょう。「自分の弱いところを見せたくない」なんて変なプライドを持っていると、せっかくの成長のチャンスをふいにしてしまいますよ。

とはいえ「周りにそんなにすごい人はいないよ」という方。周りの人に、勝手にレッテルを貼っていませんか?

たとえば、大学の友人に「同級生」というレッテルを貼ってその一面しか見ていないと、「会社で賞ももらった、将来有望な若手営業マン」という別の側面に気づかないかもしれません。もしかしたら営業という観点からあなたに良いアドバイスをくれるかもしれないのに、非常にもったいないことです。あらためて自分の思い込みから離れて、**周囲がどんな頼りになりそうな経験や知識を持っているか、いま一度見直してみる**といいでしょう。

そのためには、相手を深く知ることが大切です。

その手段としての食事会や飲み会は、私は意味があるものだと思っています。最近、仕事以外でのこうした付き合いを嫌がる人もいるようですが、職場だけだと、どうしてもお互いを深く知ることが難しくなります。

「この人は大学でこの部活に入っていた」「あの人は中途組で、前の職場ではこういう仕事をしていた」などの情報を得やすく、その人のいろいろな面を知ることができるのは、やっぱりプライベートのひとときだと思います。

いざというときに人を頼るためにはそれなりの信頼関係が必要ですから、「この人は個人的にもよく知っているし、何か役に立ってあげたい」と相手から思われるように、食事会や同窓会、会社のイベントなどを通じて、既存の人間関係をできるだけ深めておくこと

知り合いのレッテルを外し、使える情報を探す

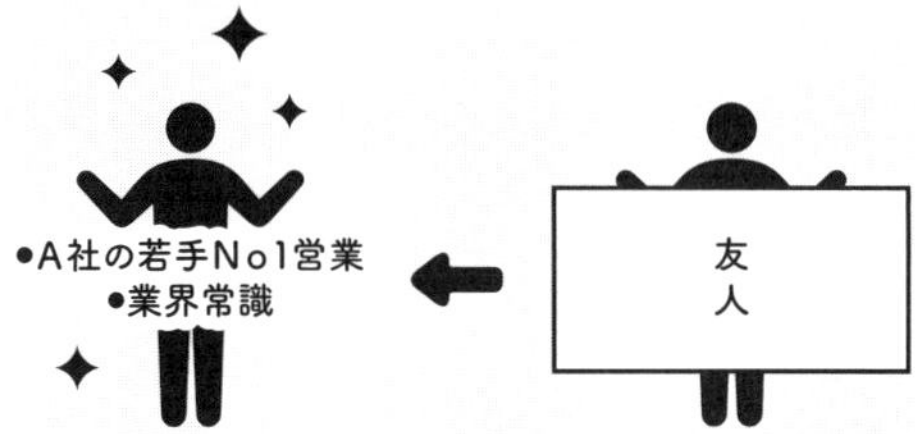

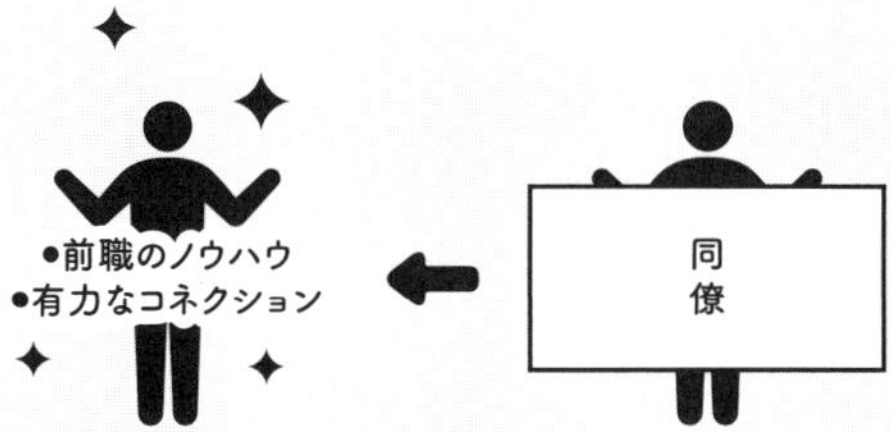

は大切です。

逆に、人脈を広げようと焦ってやたらと異業種交流会などに出ても、あまり得るものはありません。私も何度か参加したことがありますが、一度や二度会って立ち話をして名刺を交換して、それで信頼関係が芽生えるほど甘くないですよね。**何かのときに助けてくれるのは、普段から自分のことをよく知っている相手**です。

人間関係は無理して広げるものではなく、「せまく深く」が一番です。今自分の周りにいる人たちを、もっと大事にしてください。

私が「頼りになるのは身近な人だ」と実感したのは、NHK仙台放送局に入るときです。当時お世話になっていた、「テストの花道」という番組の関係者の方たちが、何人も「天明をよろしくね」と、仙台の知り合いに電話をかけてくださったのです。

「テストの花道」はEテレの番組ですが、NHKは全国転勤があるので、別の地方で昔一緒だった人や同期が仙台放送局にいるというケースが、いくつかありました。「知り合いの知り合い」がいるという安心感は大きく、仙台で仕事をはじめるときに心の支えとなってくれました。

それもこれも、私が2年間番組に関わって精一杯仕事をし、ときには泊まりのロケに行ったり飲み会にも参加したりしながら、仲良くさせてもらったからです。もし2、3回しか出演していなかったら、このような配慮はしていただけなかったかもしれません。

新しいことをはじめるときや、何かにつまずいたときほど、親切は身にしみます。いざというときに備えて、「顔や人となりをはっきり思い出せる」範囲でいいですから、日頃から人間関係を深めておきましょう。

フレキシブル

周りの身近な人のレッテルを外し、頼りになる知識・経験を探す

効率的な数字の使い方

64ページで、「最終目標に数字を設定してはいけない」と書きましたね。でも、**ゴールへの道の途上には、いくつか指標となる数字を置いたほうがいい**と思います。

たとえば将来もっと英語を仕事で活用するために、ＴＯＥＩＣに挑戦するとしましょう。９００点を目指すとして今のあなたがまだ４００点なら、「まだまだだな。もっと勉強時間を確保して頑張ろう」と活を入れなければなりません。でももし８００点まで来たら、「あともう一息。ここからは頑張りすぎず、無理ないペースで」となるでしょう。

このように、数字があれば、今の自分に合った戦略の立て方が分かります。数字は道標のように、「今あなたはゴールを目指す道のりの、このあたりにいます」と示してくれるので、より効率的に努力をすることができるのです。

数字を設定することのもう一つのメリットは、「分かりやすいやる気スイッチになってくれる」ことです。

「次のＴＯＥＩＣの点数を10点上げる」というような小さいことでも、達成できたら嬉しいですよね。数字があれば、**自分がなにかを達成したと実感しやすくなる**のです。

成功体験は、重要なモチベーションになります。成功体験を積み重ねていくことで、

「やればできるんだ。今度は30点上げたいな」と、やる気スイッチが自然と入りますよ。

計画の途中でだらけそうになったときも、数字を意識すれば「先は長いのに、こんなことしてる場合じゃないよね」と罪悪感や危機感をもつので、重い腰をあげやすくなります。

ただ、気をつけなければならないのは、適切でない数字を指標に設定してしまうこと。**大きすぎる数字にしてしまうと、燃え尽き症候群になる可能性**があります。何とか達成するために、持てるすべてのエネルギーと時間を集中的に費やして、よかった、何とか達成できた！　とほっとした瞬間、燃え尽きてしまうのです。

そうすると、ふたたびやる気を奮い起こし次の数字を目指すまでに長い時間がかかります。10日で100点を取ってその後10日間なにもしないより、8日で70点を取ることを2回繰り返したほうが、結果的には16日間で140点取れるわけです。無理のし過ぎは逆効果です。

では、能力にくらべて小さすぎる数字はどうかというと、それも考えものです。

本当は10日間で80点取る力があるのに、「まあここは60点くらいかな」と無駄にハードルを下げていませんか？　自分の限界って、自分ではあまりわからないものです。傍から

数字目標は適切なものを設定する

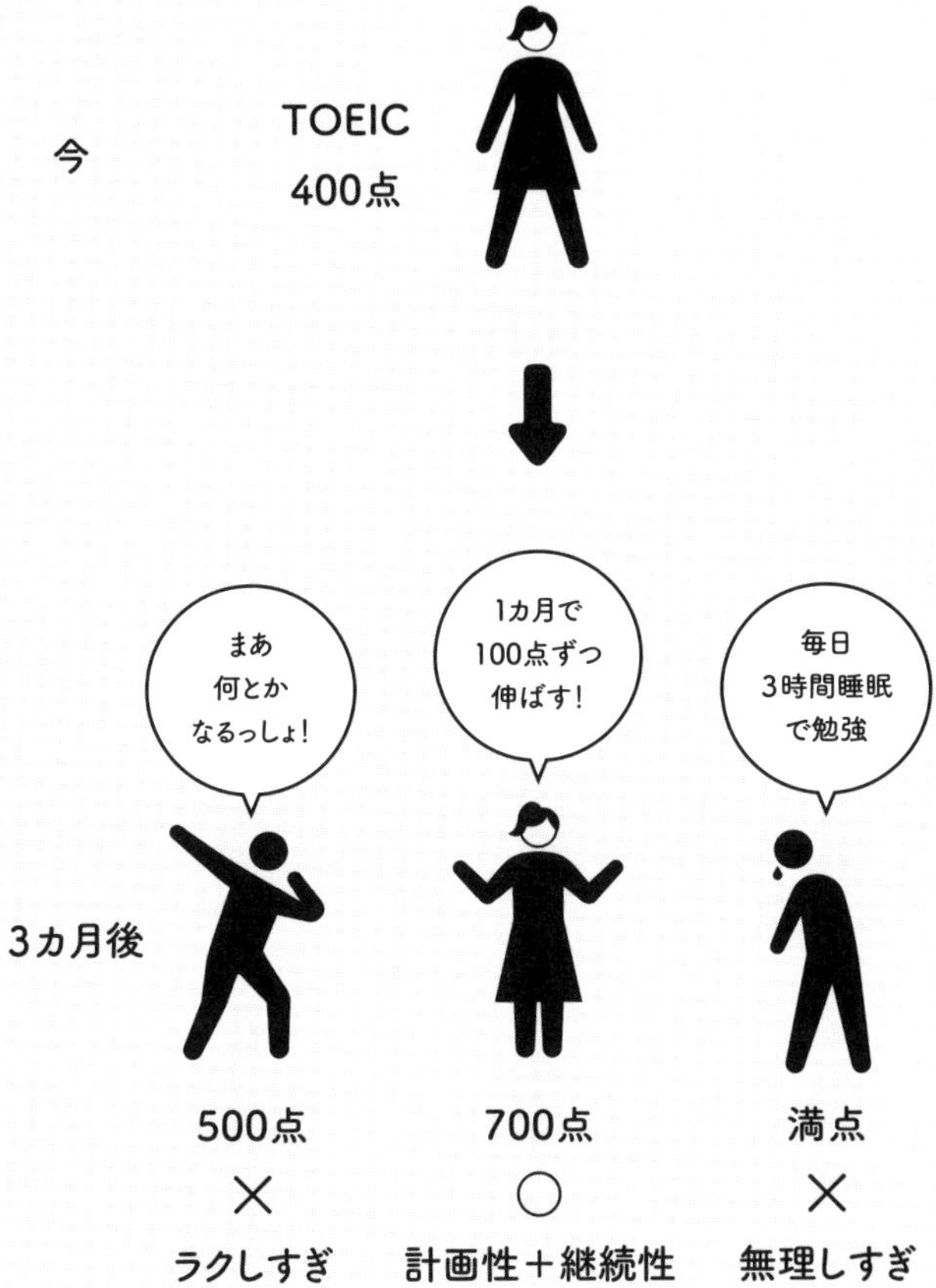

見ていると、「この人、もっとできるはずなのにな」と歯がゆかったりするのですが。

だから、60点を目指してみて、「意外とつらくないぞ」と感じたら、思い切って80点を目指すのも手だと思います。

自分の限界を低く見積もりすぎると、結果的に自分が損をしてしまいます。「もう無理だ」と思うくらい、**時間とエネルギーを全て費やしたらどこまで達成できるのかを一度試してみる**のもいいかもしれません。そうすれば、次からその少し下くらいが数字目標としてちょうどいいと分かります。なかなかスパルタな方法ですけどね。


フリーアナウンサーとして私が最近気になっている数字は、ブログ関連です。

私が使っているブログでは、読者数やアクセスランキングのほか、コメント数や〝いいね！〟の数など、ブログの人気を知る手掛かりとなる数字がいくつもあります。

私は最初、この数字の重要性に気づいていませんでした。「みんながやっているから」という理由でなんとなくブログを始めたので内容も面白みがなく、読者数2桁、コメント数ゼロなんて日が続きました。

で、思ったわけです。「こんな駄目ブログ、やっている意味あるのか？」と。

もちろん、ブログは手軽に自己発信できるツールですから、自分を知ってもらって、ファンの方を増やすための大事な商売道具です。なのにうまく使いこなせず、ただ漫然と更新していたことを反省しました。

そこからは、「読者数を800人にする」「アナウンサーのアクセスランキングで10位以内に入る」「〝いいね！〟を100個もらう」など数字を決めて、駄目ブログ脱却に向かって具体的にアクションを起こしました。

写真を増やしたりタイトルを工夫したりするなどの努力を行い、3か月程度でこの3つは全て達成できました。

やはり数字のおかげで、目指すべきものが見えやすくなります。

ドライ

適切な数字を計画の指標としつつ、達成感でモチベーションを高める

勝利への計画は手帳にあり

ところで、あなたは手帳を使っていますか？

最近は、スマホのスケジュール帳がありますし、紙の手帳を持ち歩いていない方もいらっしゃるかもしれません。でも**手帳を使うことで、目標をより実現しやすくできる**のです。

「あれもしたい、これもしたいな」と思っていても、思っているだけで実現しないことってありますよね？　それは、自分の今の生活に組み込むことができていないからです。

たとえば、「営業トークを磨くために、営業に関する本を読もう」と思っただけで、本屋にも行かず、ネットで本を注文することもしない人。まずは本を手に入れるという予定を、手帳に書き込むところから始めましょう。

金曜の終業後なら、手帳のその週の金曜のところに大きく「仕事終わり　本屋」と記入する。もし飲み会が入ってしまったら、会社から飲み会に行く途中に本屋に立ち寄る。あるいは飲み会に向かうタクシーの中で、スマホから本を注文する。

それくらい**無理やりにでもスケジュール化して、まずは一歩を踏み出してください。**

そして無事本を手に入れたら、次の金曜までの自由時間を手帳に書き出します。その時間になったら、何があっても本を手に取って、数ページでいいから読み進めましょう。家では集中できないというのであればカフェに移動してもいいし、会社から家までの電車の移動時間も利用できます。

とにかく毎日少しでもスキマ時間を見つけ、そこに自分のやるべき計画を予定として落とし込むことではじめて、計画が日常生活の一部になるのです。

手帳は、この「習慣づけ」にぴったり。月間予定表のページを開いてざっと眺めれば、「来週は出張がいくつか入って忙しそうだ。今週多めに読んでおこう」など、月全体を踏まえてペース配分ができます。うしろの週間予定のページには、具体的にスキマ時間と読んだページ数などを細かく書くことができます。

ポイントは、**「やった後に書く」のではなく、「やる前に書く」**。

やった後に書くのでは、ただの記録にしかならず、スケジュール管理の役目を果たしません。やる前に、時間と、できればやるべき分量まで書き込むことで、やらざるを得ない状況に自分を追い込むことが目的なのです。

以前、スマホのスケジュール帳で同じことができないか試してみました。予定の時間に

計画を達成するために手帳を使い倒す！

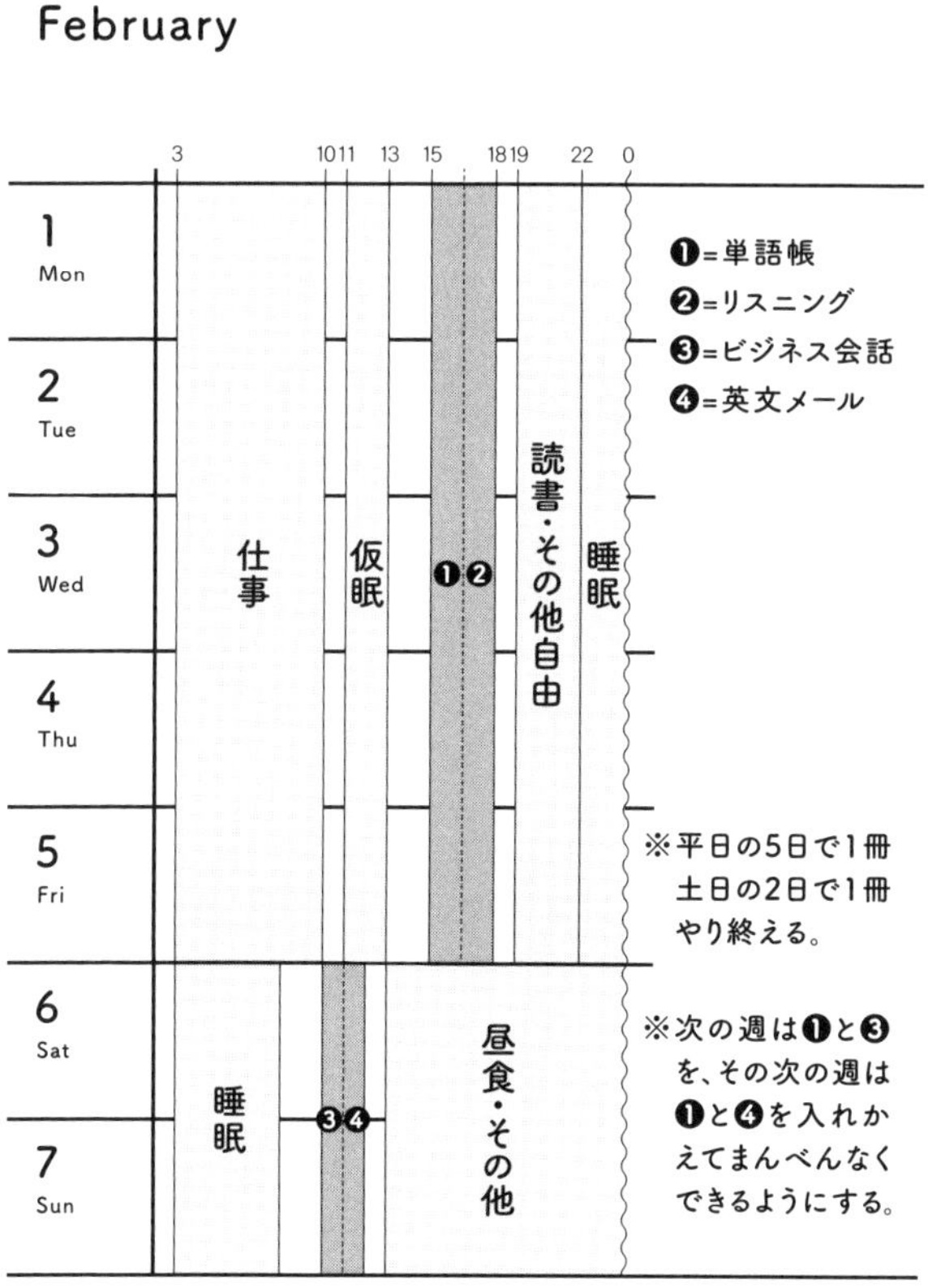

たとえば英語を勉強するとき。手帳にあらかじめ書き込むことで「必ず実行する」という意識を常にもつことができます。

なったらスヌーズ機能で教えてくれる、便利なツールです。でも、スヌーズを止めようとスマホを開くと、ついメールをチェックしちゃったりするんですよね。ついでにネットのニュースまで見ちゃったり。

やっぱり、スマホって余計なことが気になってしまいます。シンプルな手帳のほうがスケジュールだけに集中できて、無駄な時間を使わずにすみます。もちろん、いつでもどこでも電池切れの心配もありませんし。

私は、NHK仙台放送局から外資系投資銀行に転職する際、本当にたくさんの本を読みました。マスコミと金融では全く違う世界。それまで金融については何も知らなかったので、一から勉強する必要があったのです。

とりあえず金曜の夜に、ネットで評判のいい金融の入門書を調べて、まとめて注文するところから始めました。面接まで時間がなかったので、週3、4冊くらいのペースで読んだでしょうか。かなりの量があったので、**手帳に何をどこまで読むか記しておく**ことは欠かせませんでした。そのかわりNHKはわりと規則正しい仕事だったので、スキマ時間を見つけやすく、習慣化しやすかったのは幸いでした。

とはいえ、最初に予定にいれていないと、つい食事の後ぼーっとしたりしてしまいます。手帳に書き込んで、計画を既成事実化しておくことはとても大切ですよ。

ドライ

手帳に「いつ、何をやるか」あらかじめ書き込み、スケジュール化する

第四章

この章では、効率よく日常生活を送り、スキルアップするためのアイデアを紹介します。まずは、忙しい毎日を送るあなたに、体調の波を活かして最大限に課題をこなす時間管理術や、仕事と両立できる家事や料理方法の提案です。

そして効率は、人生の様々な場面に関わってきます。勉強や仕事で初めての分野に取り組む場合は、興味の引き出し方や入門書の探し方が大切です。また、お金のかけ方や勝負のかけ方にも、効率の良いやり方があります。

圧倒的に効率のいい

実践の仕方

効率のいい時間管理の仕方

突然ですが、あなたが一番体調のいい時間帯は、一日のうちで何時ごろですか？

人間には生活リズムというものがあり、調子のいい時間帯と悪い時間帯が毎日必ずやってきます。そして、効率よく目標を達成するには、単純に時間で区切るのではなく、**自分の体調の波を把握し、その変化に適した予定を立てて実行していく**必要があります。


たとえば、朝起きたばかりでぼーっとしているときに、長いレポートを書こうとしても、全くそんな気分にはならないはずです。

「ああ、レポート書き始めないとな。その前に、5分だけニュースチェックしよう……」なんて言っているうちに、気づけば1時間以上も無意味にネットサーフィンをしてしまい、まだレポートは1行も書いてない。そんな経験はありませんか？

その場合は、あなたにとって、起床直後は調子の悪い時間帯ということです。

その時間に大きな仕事をやろうとしても非効率。エンジンを暖めるためだけに、必要以上に長い時間がかかりますからね。

だから、もし起きてからしばらくは頭が冴えないのなら、レポートを書くのはしばらく待って、朝はメールチェックなどもっと楽にできることをしましょう。

体調のいいときには一番頑張るべきことを、体調の悪いときには簡単にできることを。そのメリハリをしっかりつければ、一日でこなせる仕事の量と質が変わります。

そうはいっても「早起きは三文の徳」というように、やはりあなたも、早寝早起きがベストなんじゃないかと思ったことはありませんか。

たしかに、朝活がブームになってだいぶ経ちます。でも、必ずしもみんながみんな、朝に強いわけではありません。無理をしたために昼には眠くなり生産性を下げてしまうと「朝早く起きて、何か意味がありそうなことをやって、〝私の一日って充実してるでしょアピール〟をして自己満足している」だけの人として結果的に見られてしまうこともあります。

大切なのは、**あなたにとってベストな時間帯に、ベストなことをする**ことです。それが最も効率のいい時間術となります。その時間帯が朝なのであれば早起きすればいいし、そうじゃなければ早起きにこだわる必要はありません。

私がとくに時間帯での体調の変化を気にするようになったのは、早朝の仕事を始めたことが大きかったと思います。

ベストな時間に合わせて活動する

現在、月曜から金曜まで朝の経済番組に出演しているので、家に迎えの車が来るのが午前4時。必然的に、午前3時すぎには起きることになります。8時前に番組が終わり、反省会をしたり、番組の関係者と朝ご飯に行ったりして、家に帰るのは午前10時すぎです。

さあここからどう過ごそうか。ブログや本の原稿を書いたり、経済ニュースをチェックしたり、自分なりにいろいろ勉強したり、やるべきことはたくさんあります。早朝に仕事をしたからといって、その後ぼーっと過ごすわけにもいきません。

試行錯誤の末に、午前中は生放送後のリラックスタイムとして、新聞を読んだりメールを打ったり、軽めの作業をこなすことにしました。そして昼過ぎから2時間ほど仮眠をとります。夕方に本腰を入れるべき大きな仕事をして、やり残したものは夜に片付ける。そんなタイムスケジュールに落ち着きました。

というのも、私が一日のなかで最も体調がよく集中しやすいのは夕方だからです。午前中は、頭は冴えているけれど、生放送の後で体が疲れています。昼過ぎは眠気が一番ひどくなります。そこで、思い切って昼間に仮眠をとることで、夕方には気力も体力も回復して、大きな仕事に取りかかりやすくしています。

正直なところ、はじめのうちは、夕方から仕事を始めるということに抵抗がありました。時間帯として遅すぎるかなとか、もっと早い時間に終わらせたほうがいいのかなと思ったのです。

だから、順番を逆にして、昼過ぎから仕事をして夕方に仮眠というスタイルにしたこともありました。でも、とにかく眠くて考えがまとまらず、作業が全然進みません。結局夕方になってもやるべきことが終わらず、仮眠も取れずじまい、という最悪の結果に……。

「こうでなきゃ」「こうすべき」という既成概念にとらわれてはいけないと痛感しました。

集中力があれば、かける時間も短くて済みます。時間帯による体調の変化と仕事をうまく組み合わせることが、効率よく結果を出すためのコツです。

ドライ

自分の体調の変化に合わせ、ベストな時間帯にベストなことをする

効率のいい食事の仕方

日頃の体調管理に欠かせないのが、食事ですよね。でも仕事が忙しくて、食事になんてとても気をつかえないという方は多いと思います。

しかし、私はむしろ、**「忙しいときほど自炊！」**派です。

なぜなら、自炊をして健康を維持したほうが、外食続きで体調を崩してしまうより、結果的に時間もお金もかからなくて済むからです。

私が自炊をしながら感じている最大のメリットは、「わがままが利く」ということ。好きな食材だけを使って、好きな味つけで、好きな調理法で、納得できる値段で……。これだけの条件を外食で満たすのは、至難の業です。

「自分がやりたいようにやれる」というのはとても大切で、それが叶えば料理をするストレスはだいぶ軽減されます。

私はもともと全く自炊をしませんでした。しかし、大学に入って一人暮らしを始め、スーパーのお惣菜《そうざい》ばかり買っていたら体調を崩してしまいました。

そこで、「自炊から逃げるのではなく、少しでもハードルを下げて、自分がやりやすい調理をしよう」と決意しました。そして、料理をすることのストレスを少しでも減らすため、**気にするポイントを「栄養バランス」のみに絞りました。**品数や盛り付けなんて気にしません。3枚のお皿に分けようがワンプレートにしようが、お腹に入ればみんな一緒です。健康に直接影響するのは、なんといっても栄養素ですから、栄養バランスだけ気にかけて、あとは実に適当な自炊を始めました。

そうしたら予想以上に料理が快適で、結婚した今もずっと続けることができています。いろんなことを気にしすぎるとストレスがたまって、継続できません。自炊の目的が健康維持であるならば、栄養バランスさえよければ十分と割り切りましょう。

時間を節約するという観点から、私は市販の合わせ調味料を活用しています。たとえば、中華風調味料。チューブや粉末などいろんな形状があります。とにかくこれ一つで野菜炒めからチャーハン、スープまで幅広い料理の味付けができます。

私は栄養のために食材にはこだわりたいけれど、味つけに頭を悩ませる時間はもったいないと思っています。だから、簡単で一定のクオリティが保証される市販の調味料はとっても便利です。

あと、炊飯器にお米と一緒に入れて炊けば、パエリアやピラフなどができあがるという

合わせ調味料はどんどん使う！

合わせ調味料

材料さえ用意すれば、
一定のクオリティが
保障されます。

ごはん用合わせ調味料

ごはんと一緒に炊くだけ
で一品完成するので
とても便利です！

シーズニングスパイス

まぶして焼くなど、
調理がシンプルで
手間がかかりません。

ポーション調味料

いちいち量らなくても、
必要な分だけ
すぐに使えます。

合わせ調味料も重宝しています。料理が面倒だから外食しようかな、と迷ったときにはこれです。外食より安く済むし、パッケージの裏に書いてあるレシピより野菜などの具を増やせば、栄養バランスも良くなります。休日の昼ご飯に、我が家ではしばしば登場します。

また、疲れているときは「火を使わない自炊」という方法があります。この利点は、何より時間がかからず、洗い物も増えないということです。自炊というと、煮たり焼いたり火を使うイメージがありますが、火を使わなくたって立派な料理はできます。

私は平日の朝、ほぼ毎日納豆ご飯か卵かけご飯を食べています。それも十分自炊です。「アボカドまぐろ丼」なんかも大好きです。火を使わないとだいぶラクですよね。疲れているときこそ、外食ではなく、栄養バランスのとれた自炊で、体力を回復させてください。

健康維持という観点から、食事について気をつけなければならないことがもう一つあります。**「中毒性のあるものからは一定の距離を保つこと」**です。

スイーツやジャンクフードなど、食べ物の中には、しばしばその中毒性が指摘されるものがあります。そういうものって、たいてい美味しいんですよね。だから、つい食べすぎて中毒になり、手放せなくなる。そうすると健康に悪影響が出てしまいます。健康を維持するためには、あなたが中毒になりやすいものを把握して、最初から食べすぎないように意識しましょう。

毎日、気づけばたくさん摂ってしまっているもの。しばらく摂っていないと、何だかイライラしてくるもの。みなさんも、心当たりがありませんか？　ちなみに私は、カフェインです。ついコーヒーやお茶を飲みすぎて、胃を悪くしてしまいます。

だから最近では、カフェインを含むものは外で人と会うときだけにして家ではカフェインフリーのものを飲むようにしています。それだけで、胃の負担がかなり違いますよ。

なにごともほどほどに。それが、効率的で体にいい食事の続け方です。

フレキシブル

自炊をラクにするために、便利な調味料や料理法を取り入れる

ドライ

健康のために、自炊は栄養バランスを意識し、中毒性のあるものは避ける

効率のいい家事の仕方

どんなに仕事が忙しくても、家に帰ったら直面せざるを得ないもの、それが家事です。仕事で疲れているのにたまった家事もこなさなきゃと思うと、本当にうんざりしますよね。

なかには「家事は奥さんや親に全部やってもらっている」という人もいるかもしれません。でも、私は基本的に、家事をしなくていい人なんていない、と思っています。家庭の一員である以上は、その家庭が居心地のいいものになるように家族全員に環境を整える責任があるというのが持論です。

とはいえ、なるべく家事にかける時間は短く済ませたいですよね。ここでは、家事に使うエネルギーを最低限に抑え、その分仕事や勉強に全力投球するための方法について紹介します。

家事の優先順位として、私は**「他人の目に触れる（触れそうな）こと」**と**「健康に直接結びつくこと」**を**最優先**にしています。それ以外は、時間と余力があったら行う程度です。できなくても気にしません。それが、ストレスをためずに家事をこなすコツです。

たとえば洗濯やアイロンがけなどは他人の目につきやすそうなところなので、いつも最優先で行います。また、料理も体調に影響するので、できるだけ毎日行います。外食続きだと体を壊しやすいからです。

でも家の掃除は、誰かが来るのでなければ、「これ以上ホコリがたまったら咳がひどくなって健康被害が出そう」「これ以上部屋がちらかったら精神衛生上よくなさそう」と、健康に影響のあるぎりぎりまで後回しにしておきます。

だって、人に見せるわけでもない家を綺麗にすることにこだわって、アイロンがけの時間がなくなってしまったら、「あの人いつもよれよれの服を着ているな」と外でだらしないイメージを持たれてしまうかも……。家はピカピカなのに、もったいないですよね。

家事なんて探そうと思えば無限にありますが、時間は限られています。**適当なところで折り合いをつけなければいけません。**他人に見えるところと健康に影響するところを頑張ったら、あとは時間や体力との相談でいいと思います。無理は禁物です！

あと効率のよい家事のこだわりとして、「機械にできることは機械にまかせる」「ルーティン化しない」ということが挙げられます。

食洗機や洗濯乾燥機など、使える家電はなんでも使ってます。だって、最近の家電は本

家事は、優先・機械化・妥協するものに分ける

優先	●洗濯	→	汚いと目につく
	●アイロンがけ	→	シワが悪い印象
	●料理	→	体調に影響する
機械化	●食器洗い	→	食洗機
	●洗濯物干し	→	洗濯乾燥機
	●掃除	→	自動掃除ロボット
妥協	●ホコリ取り	→	気になるまで行わない
	●シーツ・タオルの交換	→	汚れたら行う
	●ごみ出し	→	溜まったら行う

当に優秀なんですもの。自分の家事テクのほうが上だわ！　と張り合えるならいいですが、私はとても機械に太刀打ちできないので、素直に家電の力を借りています。

毎日しなければならないことは、少しくらい高い家電を使っても、時間と体力の節約になりますから、元がとれると思います。

また家庭によっては、「週に1回掃除機をかける」「週末は必ずシーツを洗う」など家事のルールを決めているかもしれません。でも、ルールに縛られすぎるのも考えものです。仕事の忙しさによっては家事に手をかけられないときもあるでしょう。そんなときに、自分のつくった**ルールのせいで、「また家事ができなかった」と自己嫌悪に陥るのは時間のムダ**です。

正直、ホコリ程度で人は死にませんから、放っておけるまで無視しておいても構わないと私は思いますよ。家事で落ち込むひまがあったら、仕事をしたほうが生産的ではないでしょうか。

あと、結婚していると、どうしても家事のやり方や分担でぶつかるときがありますよね。我が家もいまだにそうです。私は試行錯誤の末、**「相手が家事のどの部分を重要視して**

いるかを見極めて、とりあえずそこだけ頑張る」という一種の落としどころを発見しました。

たとえば私の夫は食事を重視するので、独身時代より料理は頑張っています。でも、洗面所のタオルを交換する頻度は減りました。夫が気にしないからです。こうしておけば、少なくとも夫側からの文句は出ないので、ストレスが減ります。なんだか私ばかり相手に合わせているようですが、おそらく夫も私に合わせている部分は何かしらあると思います。

要は、なんでも自分のやり方を主張するのではなくて、譲れるところと譲れないところを見極めて、譲れるところは譲ったほうがお互いうまくいく、ということです。

フレキシブル 家族が気にする家事は優先するが、それ以外は妥協する

ドライ 家事は他人の眼に触れること、健康に影響することにポイントを絞る

効率のいい知識の身につけ方

あまり興味はないけれど、どうしてもやらなければならない勉強や仕事ってありますよね。そういう場合、あなたはどうやってやる気を出していますか？

「嫌だなあ」と気が乗らないでいると、いつまでも取りかからずにぐずぐずしたり、つい休憩ばかり取ったりして、時間をかけた割に進んでいないこと、ありますよね。

私が思うのは、「興味がない」という時点で、その物事についてさほど知識を持っていないということです。だから、**「嫌だなあ」というその感情は、食わず嫌いである可能性が高い**はずです。あるいは、「そもそも何から手をつけていいかわからない」という、一歩目の踏み出し方がわからない状態なのかもしれません。

そこから脱却するために、まず少し知識を身につけて、自分なりに面白がれるポイントを見つけましょう。そこをとっかかりにして、さらに知識の幅を広げていけばいいのです。そうすれば、より興味を持って勉強や仕事に取り組むことができますよ。

いかに早いうちに、「自分なりに面白がれるポイント」を掘り当てられるかが重要です。最初からいきなり難解なことに挑戦しようとしてもダメ。ちんぷんかんぷんだし、つまらないし、「やっぱりこれは向いてないや」と、食わず嫌いが本当の嫌いになってしまいます。簡単で、わかりやすくて、楽しい。そういう入口から入っていきましょう。

だから私は、69ページでも書いたように、**エンタメを活用することをおすすめ**します。小説や漫画、映画、ドラマなど。エンタメを嫌いな人なんていませんよね。簡単でわかりやすくて楽しくて、知識を得る入口としてはピッタリです。エンタメを利用してざっとおおまかな雰囲気をつかみ、まずは苦手意識を取り払って下さい。それが、そのあと効率よく知識を身につけて、勉強や仕事を進めるための第一歩です。

たとえば、大学生のときに出演した「テストの花道」では、日露戦争に興味を持ってもらうため、高校生に『坂の上の雲』というドラマを観てもらいました。乃木希典や東郷平八郎などの有名な歴史上の人物がたくさん出てきますし、ドラマの展開を楽しみながら歴史の流れをつかむことができたと高校生たちも言っていました。

また、私自身もＮＨＫ仙台放送局から外銀に転職する際、まずはエンタメから入りました。金融業界がどんな世界かイメージすることすら難しかったので、とりあえず「どういう仕事をしているかわかる？」と聞かれたときに、おおまかに答えられるようにすることから始めたのです。とくに、『ウォールストリート　投資銀行残酷日記―サルになれなか

新分野にはまずエンタメから入る

ex.「金融業界」を学ぶ場合

①本

著者も
金融業界出身で、
リアルに
書いている!

ノンフィクション
なのに、
読み物として
面白い!

『ウォールストリート投資銀行残酷日記──サルになれなかった僕たち』
ジョン・ロルフ/ピーター・トゥルーブ(著)　基好三川(訳)　主婦の友社

①DVD

レビュー内容にも
「リアル」という
書き込みが多数!

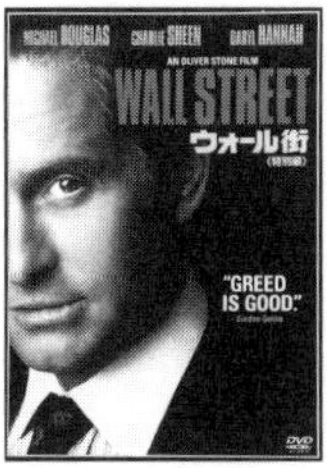

Amazonで
圧倒的な
レビュー数と
高評価!

『ウォール街』
主演: マイケル・ダグラス　監督: オリバー・ストーン

った僕たち』という本は予想以上にためになりました。この本は小説ではなく、エッセィに近いノンフィクションです。しかし、憧れだった投資銀行で悪戦苦闘する主人公たちの姿がエンタメとしてユーモアたっぷりに描かれていて、笑いながらも、毎日こんな世界で働くのはきついだろうなと覚悟を決めるきっかけになりました。

覚えておいていただきたいのは、**作品を選ぶときは、「リアルさ」というのが結構大切ということ**です。なぜならエンタメでは、ときに実際の世界からかけ離れた描写や展開がありますす。でも、それを現実にあることだと誤解してしまうと、いざ本当の仕事や勉強に取りかかったときに、「あれ？　イメージしていたのと違う」というギャップが生じてしまいます。

だからなるべく、小説や映画を決める際には、リアルかどうかにこだわってください。簡単なのは**インターネットでのレビュー検索**でしょう。私がよくお世話になったのは、アマゾンのカスタマーレビューです。小説を購入する前に、必ず読んだ人の感想をチェックして、「実態をほぼ描いている」などのコメントがあるか確認しました。

もちろん感じ方は人それぞれですから、コメントを１００％鵜呑みにするのはどうかと思います。ただし、他人の評価を見くらべると一つの指針になることは確かです。

また、**原作者の経歴をチェック**することも有益です。その業界で長年働いていたり、専門でずっと研究していたような人であれば、そうでない人よりリアルな内容である可能性が高いといえます。

この段階で目指すべきことは、「今まで興味がなかったものに取り組むきっかけづくり」ですから、そのあと本格的な勉強や仕事にスムーズに移行するためにも、リアルさとエンタメ性がバランスよく同居している作品を選びましょう。

フレキシブル

興味の無い分野の知識は、エンタメで苦手意識を取り払う

効率のいい入門書の探し方

さて、「興味ないけどやらなきゃいけない勉強や仕事」について、エンタメ作品から入ることで雰囲気をざっとつかんで、苦手意識は取り除けたとしましょう。

だからといって、まだ難しい内容に取り組めるほど、十分な知識を持ち合わせているわけではありません。ここで焦って無理をするのは禁物です。

次のステップは、初心者向けの本で基礎的な土台を固めることです。この基礎固めをしっかりやっておかないと、どうしても後でつまずきやすくなります。

とはいえ、本屋でざっと見てもわかるように、同一のテーマで書かれた本というのは山のようにあります。いったいどの本を選んだらいいのか迷ってしまいますよね？

ここで私がおススメするのは、「タイトルにこだわること」です。とくに、**「タイトルに数字が入っているもの」**を選んでください。

試しに比較してみましょう。同じオプション取引をテーマにした本で、

『10日でわかるオプション取引の話』

『オプション取引が分かる3ステップ』

『一日10分でわかるオプション取引の基礎』

これらの3つのタイトルと、

『オプション取引概論』

というように並べてみると受ける印象が全く違いますよね？

前の3つは数字がタイトルに入っていて、初心者が内容を理解するための目安がはっきりと示されています。「10日」「3ステップ」「一日10分」でオプション取引を理解させるためのきちんとしたメソッドを、著者が持っているという証《あかし》でもあります。

とくに初心者は、著者の当たりはずれに左右されやすいです。いい著者の本、力量のある著者の本を選ぶためにも、**初心者向けに解説できる人かどうか、タイトルでたしかめる**ことが重要です。

一方、「〜概論」などのタイトルは、アカデミックすぎて初心者に向かない場合が多くあります。大学の教科書によくあるタイトルで、権威ある教授が書いたものです。そういう人ほど、全然わかっていない人も読む可能性があるという自覚が薄くなりがちです。まあ、専門に勉強しようという学生を想定して書いているのでしょうから、仕方ないのですが……。

率直にいって、初心者にはアカデミックなものは早いかなと思います。背伸びせず、使

タイトルに数字が入った入門書を探す

『30日で学べる
スペイン語文法』
土井裕文,柿原武史(著)
ナツメ社

『一日10分で覚える
光速スペイン単語2500』
国際語学社編集部(著)
国際語学社

『ステップ30 1か月速習スペイン語』
廣康好美(著)
日本放送出版協会

●タイトルに数字!　●相性チェック!　●3冊で充分!

い勝手のよさそうな本をタイトルから賢く選びましょう。

とはいえ、中身もざっと確認しておかないと、「思っていたのと違った……」ということになってしまいます。

私の場合は、まず字が小さすぎるのはそれだけで読む気がなくなります。あと、図の入り方とか、太字など強調の仕方とか、読みやすいスタイルというものがみなさんそれぞれあるはずです。言葉で表現しづらいのですが、本との相性みたいなものもありますよね。

タイトルは魅力的だけれど、どうしても内容が肌に合わない、好きになれないということもよくありますから、できるだけページを開いて、少なくとも最後まで読み通せそうかくらいは確かめてみてください。

あと初心者向けの本って、3冊も読めば十分だと思います。むしろ、読みすぎに注意するべきです。だって、何冊読んだところで、初心者以上にはなれないということですから。そんな初歩の段階で時間を使いすぎるのは考えものです。

そもそもの目的は、「効率よく知識を吸収して、もう一段階上の勉強や仕事をスムーズにこなす」ことです。それを忘れないでください。**3冊くらい読んだらすぐ実践の段階に**

うつって、本格的に勉強や仕事を始めるのがいいでしょう。そこからは、実地の経験で得るもののほうが多いはずです。

同僚や先輩なども利用しながら、一つ上のレベルを目指してください。

ドライ

タイトルに数字が入った入門書を選び、3冊読んだら実践にうつる

効率のいいお金のかけ方

みなさん、何か新しいことを始めようとするとき、どれくらいお金をかけるべきか迷った経験はありませんか？

「自分への投資だから、ここは思い切って……」「でも、お金をかけてうまくいかなかったら嫌だなあ」なんて、悩みますよね。

異業種交流会や英会話のレッスン、プレゼンのためのボイストレーニング、ビジネス本まで、社会人のスキルアップを考えたとき、お金のかけどころはいくらでも見つかります。

でも、その**全てにお金を使おうと思ったらいくらあっても足りません**。実は、効率よくスキルアップするためのお金の使い方には、コツがあるのです。ここでは、後悔しないお金のかけ方を説明したいと思います。

まず、お金をかけるのとかけないのとでは何が違うのでしょうか？　私は、お金をかけることで、次の3つのメリットが得られると考えています。

①時間短縮
②ノウハウの取得
③最新情報の取得

この3つのメリットについて、順を追って説明していきます。

まず、①時間短縮です。たとえば、週一回、月額2万円の英会話教室に通っているとしましょう。それを半年続ければ、月4回×6で、合計24回の授業を12万円で受けることになります。でも平日に毎日通えば、およそ1か月で同じ回数の授業を受け終わりますよね。その場合は1か月集中コースということで料金は20万円程度です。

ではどちらが、短期間で急激に英会話力がアップするでしょうか？　断然後者ですよね。半年かけてじっくり勉強できる余裕があるのなら、毎月かけるお金は少しずつでも構いません。でも**時間に余裕のないときやすぐに結果を出したいとき**は、覚悟を決めて一気に多くのお金をつぎこんだほうが、目的に見合った結果を得られます。

私の場合は、スペインから帰国して、経済番組のオーディションまでのわずかな間に、ボイストレーニングに集中的に通いました。スペインでは自分でトレーニングするしかなかったので、原稿読みにクセがついていないか心配だったのです。しばらくテレビの画面から遠ざかっていたので、「他人に伝える」という勘を取り戻す必要もありました。

やはり、お金はそれなりにかかりました。でも、番組のサブキャスターになれば回収す

お金をかけるべき3つのポイント

①時間短縮

●短期集中コース（語学・免許など）

●通い・使い放題（教室・ジムなど）

②独自ノウハウ

●予備校（難関資格試験・MBA取得など）

●通信教育（スキルアップ・資格試験など）

③最新情報

●発売、公開後すぐ（本・雑誌・映画など）

●有料記事（ニュースサイト・メルマガ・アプリなど）

ることができます。おかげで、原稿読みのスキルを取り戻すのに普通なら1か月はかかるところを、3分の1程度に短縮できました。

②ノウハウの取得も、自分に持っていないものを提供してくれるという点で、お金のかけがいがあります。

公認会計士などの資格を取るため、またMBAなどの留学準備のために、社会人になってから予備校に通う人も多いでしょう。予備校には、多くの生徒を長年にわたって指導したことによる、ノウハウが蓄積されています。

こればかりは、個人では太刀打ちできないんですよね。**無駄なインプットをしなくて済みますし、試験に合わせたアウトプットのコツも教えてくれます**から。自力で勉強するよりお金はかかりますが、大きな試験を受けるときには、プロのノウハウを手に入れるほうが効率的に合格に近づくことができます。

③最新情報も、お金をかけたほうが手に入れやすいです。本だって、図書館で借りるより本屋で買ったほうが、すぐに最新のものを得られます。

仕事に関係する情報はとくに、いつもアップデートされていてほしいものです。だから私も、趣味の本は図書館で借りますが、経済関係は本屋で新しい本を買ったり、ネットの有料のニュースを活用して勉強しています。

人のつながりで新しい情報が入ってくるのであれば、**交流会や個人的な飲み会にもお金をかける価値はある**と思います。ただその場合は、「このことについて聞きたい」「このことに詳しい人を紹介してほしい」という目的を忘れないことと、与えてもらうことばかり考えず、自分も何か相手の役に立とうという姿勢を見せることが大切です。

3つのメリットを理解し、効率よくお金を使って、結果を出してください。

フレキシブル

時間・ノウハウ・最新情報が必要な状況のとき、お金をかける

効率のいい勝負のかけ方

計画をこなしていくにあたり、自分なりの日々のペースをつかんでいくことはとても大切です。どの程度の量だったら一日で終わらせることができるか、自分のキャパシティを理解することができますし、毎日決まった時間になると「これをやらなきゃ」と勝手に体が動くようになるので、時間を無駄にすることも減らせます。

ただ、一日の流れがあまりにきっちりと固定化されると、結果を出すという目的に対して逆効果になることもあります。**効率よく目標を達成するために、普段のペースをあえて崩してフレキシブルに頑張るべきとき**、いわば勝負どころを逃してしまうからです。

では、どのように「今が勝負どころだ」と判断すればいいのでしょうか？

私は、主に次の二つを基準としています。

①自分がいつもより調子がいいとき（内部要因）

②ライバルがいなくなったとき（外部要因）

人間ですから、調子のいいときと悪いときってありますよね。調子の悪いときはなるべくペースを落とそうとするものです。では、調子のいいときはあなたはどう過ごしていますか？　普段とくにペースは変えないでしょうか。

いつもの仕事が時間より早く終えられた日やいいアイディアが浮かんでくる日、長い時間集中力が途切れない日はチャンスです！　そういうときこそペースを上げたり、いつもはできないことをやってみたりして、自分から波に乗ったほうがお得ですよ。そこで好調の波に乗り損ねると、次の波がいつやってくるかわかりませんから。

私は調子のいい日は、いつもは優先順位の下のほうにあってなかなか手が回らないことに挑戦したりしています。普段読まないジャンルの本を図書館で借りたり、新聞で見つけて気になった展覧会に足を運んだりと活動的に過ごすのです。

日頃のルーティンをちょっと外れてみることで、今までとは違う方向にアンテナをのばすことができ、狭まりがちな視野が広くなると感じています。そうやって得た発見や知識が、普段の仕事にもいい影響を与えてくれます。

もうひとつの勝負どころは、ライバルがいなくなるなどの外部要因がプラスに働いたときです。競い合っていた同僚が他部署に異動になったり、転勤になったりしたら、自分の置かれている立場が相対的に有利になりますよね。通常よりいい成績を残しやすくなると

勝負どころを見極めるポイント

き、努力が実りやすいチャンスですから、さっそく勝負に出ましょう！

勝負をかけるといっても、小さいことでいいのです。企画の提案の数を増やしたり、積極的に会議で発言して、周りにここぞと自分をアピールしてください。きっと自分に向けられる目は普段より多くなっているはずですから、そこで目立てば効果は大きいですよ。

たとえば、クイズ番組の場合、事前に出演者がわかることがあります。そのときに、「今回のメンバーはそこまで強くないな」などと思うわけです。つまり私にとってそこは、勝負どころです。そういうときは、勉強の時間を普段よりとったりして、いつも以上に念入りに準備をします。条件がいいときにしっかり準備をすれば、いい成績を残せる可能性がさらに高くなるからです。

難しいのは、この**外部要因は突然やってくるので、自分でコントロールすることができない**ということです。クイズ番組でいえば、他の番組のロケやインタビューなどで立て込んでいるときに限って、チャンスだなと思える回がやってきます。もっと分散してくれると助かるのですが……。

でも、これを逃したら次はないかもしれないと思って、忙しいときは睡眠を削ってでも、なるべく全ての機会をものにできるように努力しています。こういうときまで普段の生活リズムを死守しようとすると、せっかくの波に乗れずじまいになってしまうんです。努力が実りやすいときだと思ったら、いつものペースを崩す勇気を持つ必要もあります。

ライバルがいない隙に頑張るって、ちょっとあざといかなとためらうかもしれません。でも周りも、あなたにとってチャンスのときだと気づいていますから、そこで**努力をしないと、逆に「なんでこいつは今頑張らないんだろう?」と見限られてしまいます**。周りもあなたの頑張りに期待していますから、そこは堂々とアピールするのが得策です。

勝負どころで適切に努力すれば、普段の数倍大きなリターンを得られますよ。

フレキシブル

調子がいいとき、ライバルがいなくなったときは勝負をかける

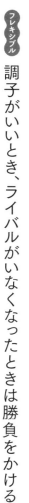

第五章

この章では、結果を振り返って将来を見据えることについて書いています。

キャリアの成功、失敗とは自分の尺度で決めるもの。失敗はきちんと分析することで、次につなげることができます。長い人生、ときには背伸びをしてみたり、キャリアを修正・中断したっていいのです。

また、現状に満足していないからこそ、自分が何をしたいのか迷ったり、家族と仕事のバランスを取ろうともがくこともあるでしょう。

未来に迷ったあなたの背中を押す、最終章です。

圧倒的に効率のいい

将来の見据え方

キャリアの成功、失敗とは

さて、今まで紹介してきたことを効率よく実行し、結果が出たとき、うまくいったとか、失敗だったとか、振り返ってあなたはいろいろなことを思うはずです。

では、結果を評価するときの、「成功」や「失敗」の定義ってなんでしょうか？

私は、そんなものは全て物の見方にすぎず、絶対的な尺度は存在しないと思っています。最終的に「勝つ」ことさえ外さなければ、途中結果をなにが成功でなにが失敗かと決めるのは、人それぞれの価値観、判断にゆだねられているのです。

だからもし、「この会社名では知っている人なんていないし、就職は失敗だった」など と一人でくよくよしていたら、それは馬鹿げているといえます。どんな大企業でも、「大きなところね。羨ましい」という人もいれば、「離職率が高いらしいでしょ？ 仕事がきつそうだし、私はそんな会社嫌だわ」という人もいるのです。

万人が納得する基準なんてありませんから、自分の成功や失敗を、他人の基準で判断しないようにしてください。

個人的には、**自分が納得できることなら成功、納得できないなら失敗**だととらえています。そして納得できない＝失敗のときでも、原因はいつも同じではありません。大体次の3つに分けられます。

①単に自分の努力が足りなかった、あるいは方向性が間違っていた
②運が悪かった、などの外部要因によるもの
③もっと大きな成功を手にするために、あえて今は失敗している（戦略的失敗）

まず①。これは対処が最も簡単です。営業成績を上げるためにもっと工夫をする必要があるとわかったら、セールストークの本を読んだり、関係する分野について勉強したりしてもっと必要な知識を得ればいいのです。解決策が最もわかりやすくストレートです。

②は、たとえば希望の部署に空きが出ず、異動が叶わなかったなど、自分のせいばかりとはいえない場合です。こういうときは、あまり思い悩む必要はありません。

そのかわり、何か少しでもそこから希望を見出してください。「今の部署にいる期間が長くなったから、もう少しここでできる仕事を頑張ろう。この部署で身につけたスキルはきっと他でも活きるはず」と考えを変えることで、次の成功への芽を見つけることができ

失敗を3パターンに分け、成功につなげる

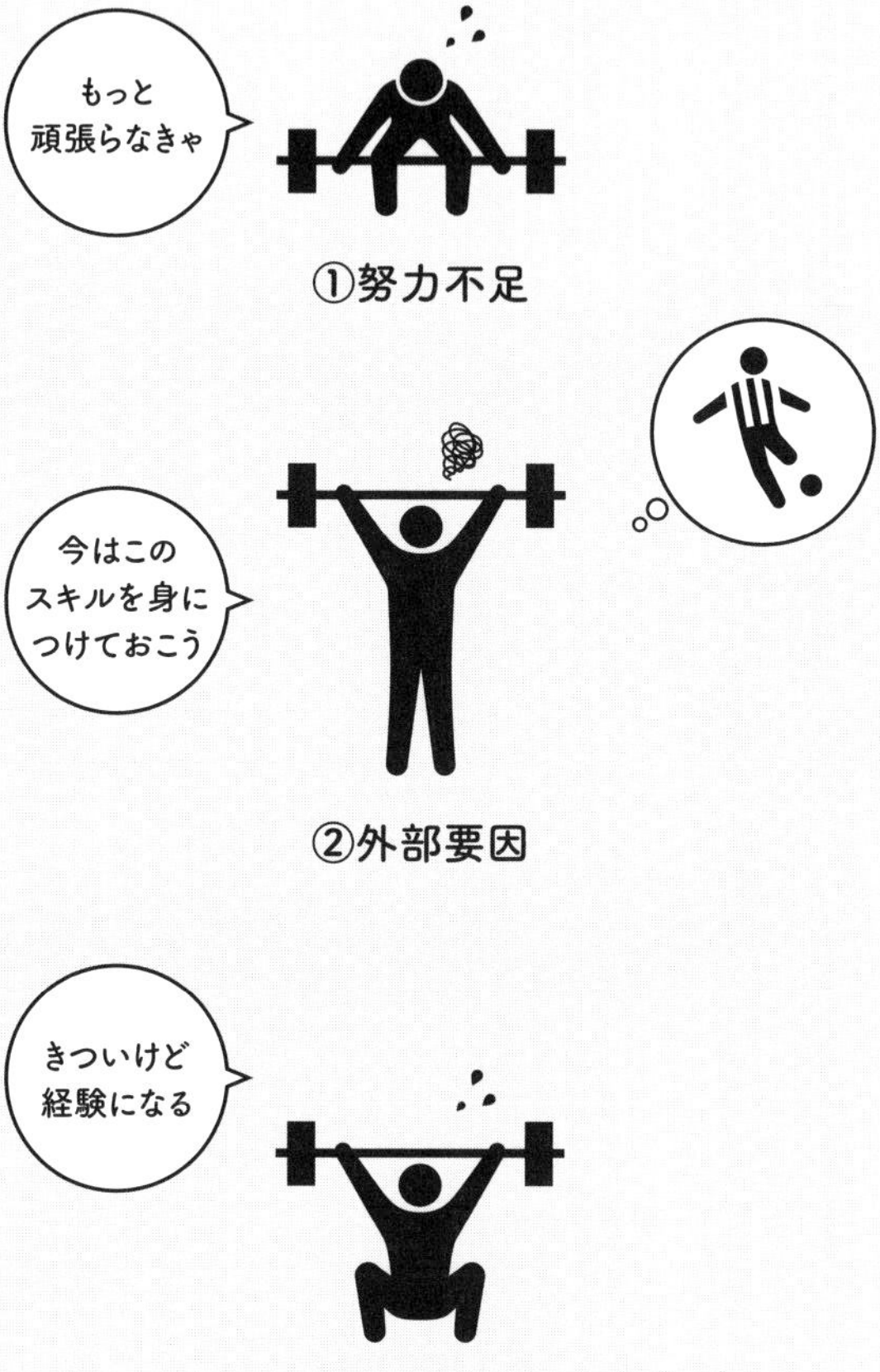

ます。

小さくてもいいから**次に活かせることを見つければ、今回の失敗も完全なムダに終わることはなくなります。**つらいときこそプラス思考です。失敗の中のいい面を見つけるという、発想の転換も大切です。

そして③。たとえば、自分の会社を持つという夢がある人が、その前に同業他社のもとで働いて経験を積もうという場合があります。その夢を知らない人が見たら、「きつい仕事も人一倍引き受けて大変だなあ」と笑うかもしれません。でも、その下積みの経験は、会社を持つときに大いに役に立つのです。

もちろん下積みなしで会社を興すこともできますが、やはり誰かのもとで基礎的なことから叩き込まれたほうが、失敗のリスクを減らしたり、使われる側の経験があるので、人の使い方もうまくなったりするでしょう。

だから、**より大きな目標のためのあえての遠回り、戦略的失敗は、長い目で見たら失敗では全くありません。**短期的な利益や他人の目に振り回されることだけ気をつければ大丈夫です。「自分は今何のために頑張っているのか」を忘れないでください。

私は、大学を卒業してすぐ、NHK仙台放送局の契約キャスターになりました。キー局のアナウンサーから見たら、地方の契約キャスターというのは一種の失敗かもしれません。でも、キー局は枠が圧倒的に少ないので仕方ないのです。仙台なら祖母の近くで安心だし、震災復興に関わる仕事もさせてもらえるかもしれないと私は私なりの希望を見出しました。そしていつか、この経験を生かして東京でもっと大きな仕事をしたいと考えました。つまり、②と③の混合型、ですね。

プラス思考と発想の転換があれば、失敗も成功に変えることができます。

フレキシブル

外部要因による失敗、戦略的失敗は将来のメリットに目を向ける

ドライ

自分の努力が足りなかった場合の失敗は新たな工夫・知識で解決する

ちょっとだけ背伸びしてみよう

仕事において、「ちょっとだけ背伸びをしてみる」というのは大事なことだと思います。決して「自分を大きく見せよう」というわけではなくて、**「背伸びをしてみることで自分の本当の力がどれほどかわかる」**からです。

最近は、欲がない人が多いので仕事でも、「何事もほどほどに」とか「等身大の自分で」と思っている人もいるかもしれません。

でも、厳しい環境に身を置いてこそ、自分の隠れていた突出した能力や、伸びしろに気がつくことができるのです。自分のキャパシティを自分も周りも正しく認識していないという状態は、とくに仕事ではチーム全体の不利益にもなりえます。

背伸びをできる機会は、大きく分けて2つあります。

①　就職・転職
②　難しい仕事

就職・転職では、社員の経歴や採用試験の様子を調べて、今の自分にはちょっと難しそうだなという会社にあえてチャレンジするほうがいいと思います。というのは、企画なり営業なり、あなたの能力より低いレベルの仕事しか求められない会社の場合、あなたが本来発揮できる力の全てを上司や周りから正しく評価してもらえないからです。つまり、能力がない人と同じ扱いを受けることになります。そのせいで、本当はもっと高いポテンシャルを持っていることに気づかないまま終わることだってありえます。それではもったいないですよね。

そうではなく、会社から、**能力以上の仕事を要求されたほうが、あなたの力を正しく認識する**ことができます。もちろんさらに努力をすることで、今の限界以上に力を伸ばすことだってできます。

周囲の環境によって、人がどれくらい能力を発揮できるかは変わるのです。もし今置かれている環境に物足りなさを感じたら、積極的により難しいステージにうつることをおすすめします。

私も、NHK仙台放送局に勤めて1年と少し経った頃、環境を変えたほうが自分のためにもなるのではないかと思うようになりました。NHKが私に求めていることと、私の強

自分の能力をより高めるために

①より周りのレベルが高い環境へ

②難しい仕事にチャレンジ！

みにズレを感じるようになったからです。

NHKでは、まず「声のプロ」であることを求められました。ただ、私は「声の職人」というよりは、難しいテーマに頭を使って取り組むほうが力を発揮できるだろうという気がしていたのです。

今はクイズ番組で知識と瞬間的な判断力、本の執筆で論理的に説を組み立てて伝える力、経済番組で日々の経済動向を追う情報収集・分析力を活かせているなと感じています。これは、環境を変えたからこそ発揮できた力だと思います。

また、**普段の仕事でも、できる限り難易度の高そうなことに挑戦する**必要があります。そうしないと、周りから「いつまでも簡単なことしかできない人」と見られてしまい、難しいこともこなせる能力、伸びしろがあることに気づいてもらえません。それでは、あなたには単純な仕事しか回ってこなくなります。若いうちはそれでも何とかなるかもしれません。でも、年次が上がるにつれ居場所がなくなってしまいます。

チャレンジングな仕事がなかなか回ってこなかったら、**自分から「やらせてください！」と手を挙げるくらいの積極性が必要**です。そこで認められれば、そのうち向こうから話はやってきます。そのためにもはじめは自分から行って下さい！

私も、クイズ番組ではできる限り難しい問題を答えるようにしています。易しい問題なら誰でも答えられます。それじゃ、私じゃなくて他の人が出ても構わないとなってしまいます。難しい問題を答えられるからこそ、「あの人はすごいな」「やっぱりあの人じゃないと」と思ってもらえ、希少価値がつくのです。ちなみに、クイズ番組に出るきっかけは、私が自分でマネージャーに「出させてください！」と訴えたことでした。

やっぱり最初は自分から動かないといけません。でも逆に自分から動けば、難しいことに挑戦する機会は意外と柔軟に与えてもらえますよ。

フレキシブル
高いレベルが求められる環境にうつり、能力をさらに発揮する

ドライ
難易度の高い仕事には、自分から積極的に挑戦する

キャリアの修正・中断を恐れるな

今は、フレキシブルにキャリアを修正できる時代になっています。新卒で入った会社に、定年までずっと勤め続けるという人は昔よりだいぶ少なくなっているのではないでしょうか。

とはいえ、「今の仕事より向いているものがあるのではないか」「もっと大きな会社で自分を試したい」という思いを抱えたまま、忙しかったりなんとなく踏ん切りがつかなかったりして、ずるずると今の仕事を続けている人も多いような気がします。

キャリアチェンジ、というと大それたことのように思うかもしれません。でも、**現状に不満や違和感を覚えているのであれば、まずは一歩をふみだす**ことです。リンクトインというビジネス版フェイスブックのようなＳＮＳにページを作ったり、同業他社の友人の話を聞いてみる、とか何でもでもいいのです。

「やらなかったことへの後悔は、やったことへの後悔より数倍大きい」といわれます。小さくてもいいから、きっかけを作ることから始めましょう。

社内でもっと自分に合った部署に異動するというのは、比較的楽なキャリアチェンジです。ＮＨＫでも、アナウンサーから途中でディレクターに転身した人の話を何度か聞いたことがあります。出演するより番組作りに携わるほうが自分には向いているという理由が多いようです。職種を変えた方は、今も生き生きと仕事をしています。

では、はじめからディレクターになればよかったのではないか、と思う人もいるかもしれません。でも正直、テレビに関わる仕事の中でどれが向いているかなんて、学生のときにはわかりません。

実際に仕事をしていくなかで、向き不向きはわかってくるものです。そういう意味では、部署を変えることのできる会社であれば、より自分に合ったところに行くほうが、会社のためにもなるでしょう。

困るのは、同業であれ違う業界であれ、他社に転職するときや、独立してフリーになるときです。スムーズに新しい場所にうつることができればよいのですが、タイミングが悪くて、新しく仕事をはじめるまでしばらく待たないといけないこともあります。会社をすぐに辞めざるを得ない事情があったり、起業の準備に時間をとられる場合は、次の仕事がスタートするまで無職の期間が続きます。これって、とても不安ですよね。

私も、以前はキャリアの空白はなるべく作りたくないと思っていました。

キャリアで迷ったときにやってみること

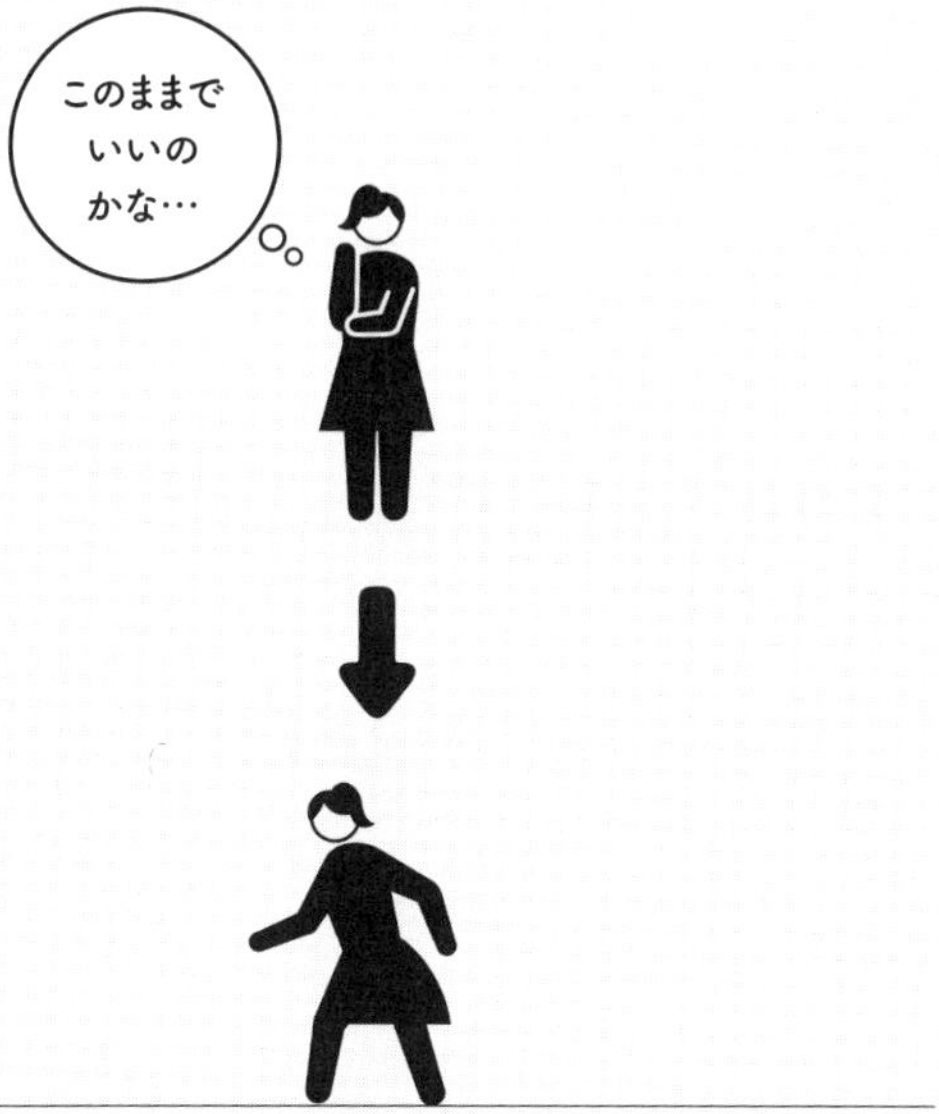

まず、一歩動いてみよう!

- LinkedInに登録する
- 転職サイトに登録する
- 他社の友人から職場について聞く
- 業界本・企業本を読む
- 社内で異動届を出す
- 気になる会社のHPを見る

でも、世の中には仕事を辞めて、無収入どころか高額のローンを組んでいる人もいると知って驚きました。海外大学のＭＢＡに通う友人たちです。仕事を辞めてローンまで組んで、不安じゃないの？　と思ったのですが、卒業後により高年収の仕事に就いたら十分元が取れるから大丈夫、と話していました。

カルチャーショックを受けると同時に、「**無収入が嫌だとか、借金が嫌だとか思っていたら、大きな難しいチャレンジはできない**だろうな」と納得したものです。

達成するのが難しいことほど準備に時間がかかりますし、実行するタイミングも見極めなければなりません。けれども、そうやって周到に計画することで、成功の確率も上がって、それまでの環境では手に入れられなかった報酬を得ることだってできるのです。

だから、いっときのキャリアの中断、空白を怖がっているようではダメです。

「こうなりたい、こういう仕事をしたい」という今までの仕事より大きな目標があって、そこに向かって念入りに計画を立てて実行していくバイタリティをもてれば、多少経歴にブランクがあっても全く問題ありません。

その空白期間をただ漫然と過ごすのではなく、「経営者の人にたくさん会って、自分のビジネスプランを聞いてもらう」「勉強会に出席して、転職先の業界を研究する」など、次につながる努力をどれだけやったかが大切なのです。

私も、スペインでの1年弱の専業主婦生活では、自分の将来のキャリアについて焦ることもありました。

でも、「東大という学歴やこれまでの職歴を生かしたフリーアナウンサーになりたい」という思いがあったので、時事問題やクイズを勉強したり、発声練習などは欠かさず続けていました。そのキャリアの中断期間にしっかり準備をしたからこそ、フリーアナウンサーとして順調な滑り出しを切ることができたのでしょう。

キャリアの空白を恐れず、次への準備をきちんとすれば、再開後により大きく成功することができますよ。

フレキシブル

キャリアの変更を恐れず、まずは一歩をふみだしてみる

資格は本当に必要か

履歴書の資格の欄に書くものが何もない！　とりあえず何か資格を取らなくちゃ、と焦った経験はありませんか？

でも、そうしていろいろと**資格を取ってみたものの、結局仕事に活用することもなく、取ったきりで終わってしまう人も多い**ようです。

資格を一つ取るのには、時間とお金がかかります。仕事に本当に必要な資格を厳選して取得して、きちんと活かしたいですよね。

特定の資格がないと仕事に就くことができない、というものもあります。国家公務員、弁護士、会計士などの国家資格がそうですね。この場合は資格が仕事に直結するので、「資格を取ったけど食いっぱぐれる」可能性は割合低いといえます。

ただ、専門性が高い分、合格するのも大変です。挑戦するなら、絶対合格する覚悟を固めて、集中して勉強に取り組んだほうがいいでしょう。

そして、合格した後の仕事のことも、早い段階から考えておいてください。国家公務員だったらどこの省庁に勤めたいのか、弁護士だったらどこの事務所がいいのか。法律事務所や会計事務所でも、大手と個人経営のところでは、仕事内容や給与が異なるものです。

試験の対策は頑張ったけど就職のことまで考えてなくて、結果的に想像していたのと違う仕事をする羽目になってしまった……ということにならないよう、資格の先の仕事にまで、早いうちから目を向けていたほうがよいといえます。

そして、合格率数%というような難関資格なら別ですが、普通の資格の場合、それを持っている人は世の中にたくさんいます。資格というと特別な響きがありますが、正直、それだけではとても抜きん出た存在になれないのが現実です。

私は、**資格より仕事の経験のほうが、よほどその人をオンリーワンの存在にしてくれる**と思っています。

資格は、みんな同じようなことを勉強して、同じような試験を受けています。画一的でオリジナリティがありません。でも仕事では、きっとあなたしか経験していない貴重なシチュエーションやエピソードがたくさんあるはずです。

だからたとえば転職の場合、私は仕事の経験のほうが、資格よりもあなたを魅力的な存在にしてくれると思います。資格はいわば黙々と机に向かう勉強。仕事はほかの人と協調しながら、その場に応じて実地で経験を積んでいくもの。後者のほうが社会人として使え

資格取得よりも仕事で経験を積む

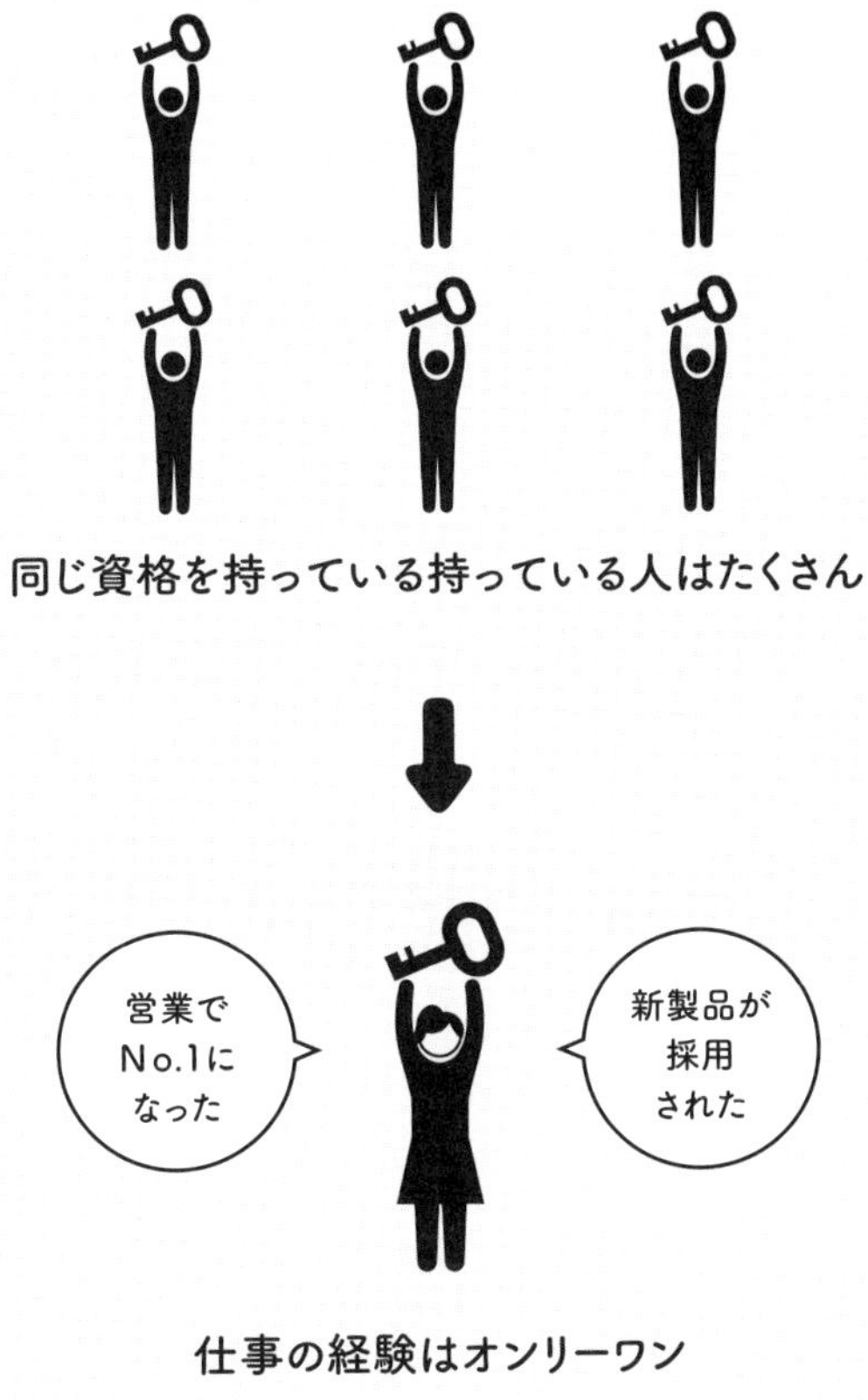
同じ資格を持っている持っている人はたくさん
営業でNo.1になった
新製品が採用された
仕事の経験はオンリーワン

るスキルなのではないでしょうか。

1年かけて資格の勉強をするよりは、目指す仕事と同じ業界なり同じ職種なりで1年働いたほうが、転職してから仕事に馴染みやすいはずです。それでももし仕事でどうしても必要な資格があれば、働きながら取ることも可能なはずです。

私の場合は、外資系投資銀行に勤める直前に、証券外務員I種を取りました。これがないと営業に行けないので、会社から取れと言われたのです。参考書で2週間も勉強すれば受かるようなものなので、そこまで負担ではありませんでした。

金融に関連する資格は、他にも証券アナリストやファイナンシャルプランナーなどがありますが、それを取ろうとは思いませんでした。会社が取れと言わなかったので、つまりは仕事に関係しないと判断したからです。

このように、**「資格が先」ではなく「仕事が先」という基準**を持てば、少なくとも今の自分にとって不要な資格を取らずに済みます。

フリーアナウンサーでも資格にこだわる人はたくさんいますが、「なんでこの人こんな資格持ってるんだろう?」と見られてしまう人が多いのも事実です。

たとえばアスリートの妻がフードマイスター、というのは納得できます。必要だろうなとすぐわかるからです。でも金融の仕事の経験がないのに証券外務員の資格を持っていても、必要性を感じられず、資格が何だか薄っぺらく見えてしまうのです。経済番組に出たいのかもしれませんが、それで仕事が回ってくるほど甘くはないでしょう。

やっぱり自分が今までやってきたこと、実績のあることから仕事の幅を広げていくほうが、現実的だといえます。「資格が先」より「仕事が先」のほうが効率はいいですよ。

ドライ

資格ではなく仕事の経験でオンリーワンの存在をめざす

やりたいことの探し方

「自分がやりたいことってなんだろう？」

就職をぼんやり考え始めたとき、私はこの壁に直面しました。同じ悩みを抱えている大学生の方も多いのではないでしょうか。あるいは働きはじめて数年たち、「本当にこの仕事でいいんだろうか」と疑問を抱いている社会人の方もたくさんいるでしょう。

とはいえ、「やりたいこと」に悩む以前の問題として、「奨学金返済のために月〇万円は稼がないといけない」などの現実的な問題や、時間や勤務地の制約があるかもしれません。まずは、あなたにそのような**制約があるかを考えたうえで、その範囲内でできることを探しましょう**。

実をいうと、私は大学3年の春ごろまで、就職しようとは全く思ってもいませんでした。「大学院にでも進もうかな」とぼんやり考えていたのです。特に研究したいテーマがあったわけでもないので、働くという現実から逃げようとしていたのでしょう。

でも、そのときにはすでに、祖父や祖母に加えて母の病状も進んでいました。就職からは逃げられても、この現実からは逃げられません。働かないなら、私がもっと介護に関わらざるを得ないことは明らかでした。けれども、介護はいつ終わるか誰にもわかりません。さあ、どうしよう？　ここで選択を間違えたら、人生設計が大きく狂いかねません。身内の介護の話は親しい相手にも相談しづらかったので、一人でとことん悩みぬきました。

そして、「祖父母の家に近い東北で、1年契約の仕事をする」という結論に落ち着きました。これなら正社員と違って東京に戻りやすいですし、働いて貯金ができれば介護の人手を頼む際に、父の力になれるかなと思ったからです。大学を出てすぐ介護に専念するのは、その後のキャリアの見通しが立たないので、できるだけ避けるべきだと考えました。それなら、頑張って働いて介護にかかる費用を捻出したほうが合理的だと判断したのです。

「東北」「1年単位の契約」という条件が出たところで、次はどんな種類の仕事がしたいだろうかと考えました。迷った末、自分が経験してやりがいを感じたことを追求していけば、働き出したときのギャップが少なくてすむはずだと思い、大学時代に「テストの花道」に出演した経験から、テレビのキャスターに照準を合わせました。

「やりたいこと」を見つけるために**あなたがやりがいを感じた体験を思い出し、なぜそう感じたのか詳しく分析して、それに関する仕事を選ぶ**のも手でしょう。こういうときに、

やりたい仕事を見つけるためにするべきこと

①自分の制約範囲・条件を考える

②その中で「やりがい」の体験をふり返る

あの「マインドマップ」が役立ちますよ。

転職・就職の際に注意が必要なのは、好きなブランドなど「お客様」として接していた企業を選ばないことです。

たしかに自分がよく使っている化粧品のブランドだったり、通っている百貨店などは、全く知らない企業よりは親近感を感じやすく、とりあえず試験を受けたくなる気持ちになるのはわかります。

でも、それはあくまで「お客様」の立場ですよね。お客様の立場から見た会社と、働いている側から見た会社のイメージは全く違います。

だから、「自分が体験している」といっても、お客様のようにサービスされる受け身の立場ではなく、自分が積極的に行動したことから考えてみてください。勉強でもアルバイトでも趣味でも構いません。その行動を起こさせる動機、モチベーションからうまく志望企業を探し出せれば、長く働き続けることができるでしょう。

それでもどうしてもやりたいことが見つからない、というときは、**思いつく選択肢のな**

かで一番ハードなものに挑戦することをおすすめします。

ハードな仕事は、体力があって多少無理がきくときにしかできません。勤務地も、若いときのほうが自分の都合で柔軟に選びやすいものです。ハードなことを若いうちにやっておいたほうが、後にその経験を生かして、もっと条件のいい仕事をできるようになると思います。

フレキシブル

自分の制約を考えた後、やりがいを感じた経験を振り返ってみる

家族からメリットを見出す

20代後半に差し掛かると、高校や大学の友人で結婚する人が増えてきたなと感じます。フェイスブックを開けば、週に一度は「結婚のご報告」や「結婚式の写真」が載ってるんじゃないかというくらい頻繁です。さらに、学生のころから知っている仲間がお父さんやお母さんになったなんて話を聞くと、なんだかまだ信じられないような気持ちです。

みんな、20代後半になってようやく、多様性に富んだ道を歩き始めたという印象です。それまでは、大学に入るのも就職するのも私たちは一斉に行ってきたわけで、そこから外れる人はほとんどいませんでした。やっていることは、全員さほど変わらなかったのです。

それが、今じゃどうでしょう。独身だったり結婚したり子供を持ったり、会社を辞めて独立したり海外に行ったりと、急にいろんな方向を向いて人生を進み出したように思います。

決まった色に塗られていた人生のレールを、それぞれ自分の好きな色に塗り始めたようなまぶしさです。でも「これが正解!」と言えるものがなくなったので、他人の動向が昔より気になったりもしています。

特に**女性は、パートナーの男性によって、自分のキャリアが左右されることが多くなる**

ころだと思います。私も25歳で結婚して、すぐ夫の留学でスペインに行くことになり、それがきっかけで会社を辞め、フリーアナウンサーの道に進みました。ほかにも、生まればかりの赤ちゃんと一緒に夫の留学先に同行する友人もいますし、あるいは夫を日本に残して自分が留学するという友人もいます。

夫と一緒に会社を辞めて学習塾を立ち上げるという大学の同級生の話を聞いたときには、「私にはできない大胆な決断だ！」と感動しました。なんとなく、彼女は私の数倍は慎重な性格だと思っていたので、夫婦で脱サラと聞いたとき、「あの子が！」と最初は信じられなかったのです。

夫に合わせたり、自分のキャリアを優先したり、一緒に同じステージに立ったり……。20代で結婚した友人たちは一見バラバラな行動をとっているように見えますが、私はそこに一つの共通する軸を見つけました。**「相手に合わせるだけでなく、自分にとってのメリットを見出している」**ということです。

夫やほかの家族に合わせて受け身で動いているだけではダメ。それでは、自分の将来のプランを自分で描くことができません。

家族とは「持ちつ持たれつ」の関係で

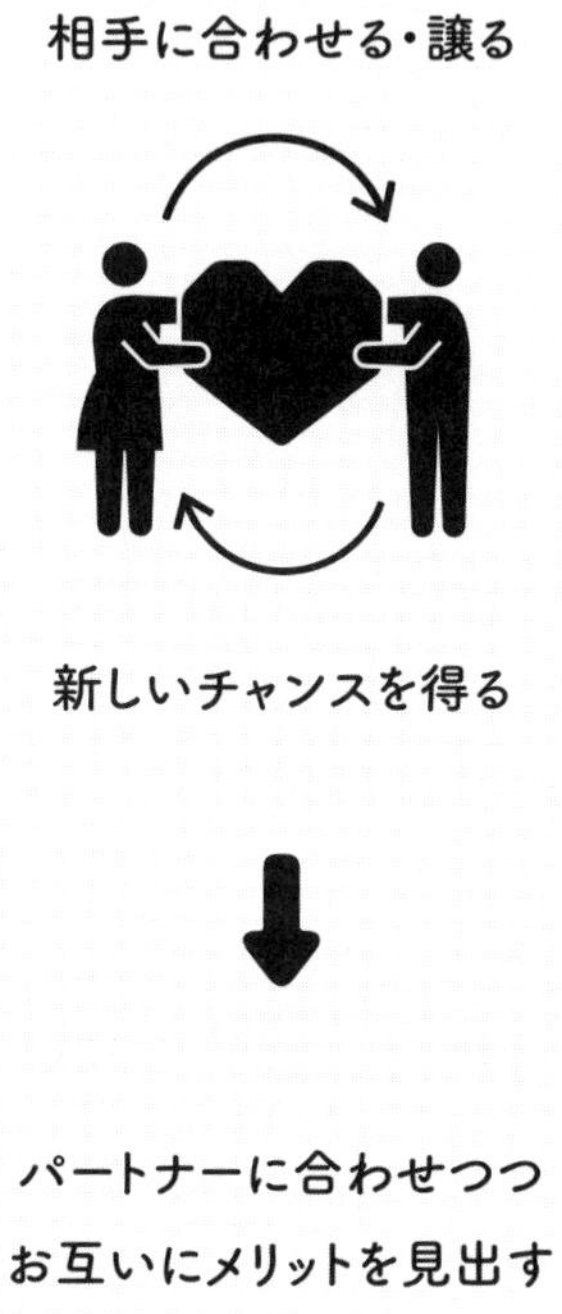
相手に合わせる・譲る
新しいチャンスを得る
パートナーに合わせつつ
お互いにメリットを見出す

自分のキャリアには自分で責任を持ちたいですよね。「海外で今までできなかった経験ができる」「新しいビジネスで社会に貢献できる」などの**メリットを見出して、それを今後の人生にどう生かすかまで考える**ことが大切です。そうすれば、「譲歩してやっている」「私ばかり我慢して……」という一種の被害者意識から抜け出して、積極的に新しい人生のステージを楽しむことができるはずです。

とはいえ、私も専業主婦としてスペインで過ごした10か月あまりは、不安な気持ちになることが多々ありました。

周りの日本人の奥様たちは子供のいる人ばかりで、息子や娘のお世話などで毎日バタバタしているけれど、私は夫のいない昼間は良くも悪くもすることがありません。そうすると、ネガティブなことをつい考えてしまうんですよね。本当なら25歳で、仕事も軌道に乗り始める時期なのに……。

夫ばかり学校で勉強して、卒業資格というみんなが認める結果を得られてずるい！　私なんて家事をやっても、認めてくれるのは夫だけ。フリーアナウンサーといっても名ばかりで、まだ何も仕事をしていない。こんなんで、帰国した後やっていけるんだろうか？

と落ち込んだこともありました。

しかし、ここは「今までのキャリアをまとめて、新しくフリーアナウンサーとして出発するための準備期間」と割り切って、チャンスを待つことにしました。

それまでアナウンサーと外資系投資銀行勤務という二つの線路を走ってきたので、この線路を一つにするために、勉強したり経験をまとめたりする期間だと思ったのです。そう考えることで無駄に焦って神経をすり減らさないようにしました。

そのかわり、夫と掛け合って、私だけ一足早く夏に帰国することを了承してもらいました。おかげで経済番組のオーディションにも間に合い、クイズ番組のスペシャル回にも出演することができたのです。

やはり**譲るところは譲り、ここは決めたい！　というところははっきり主張する**ことが大切だと実感しました。

フレキシブル

家族に合わせ譲歩するだけでなく、自分のメリットを見出す

勝ち組になる働き方を選ぶ

考えてみれば、私は大学を卒業して以来、様々な雇用形態を経験してきました。新卒でお世話になったNHK仙台放送局では、現地採用の契約キャスターという形で働いていました。その後は外資系投資銀行の正社員、そしてホリプロという事務所に所属するフリーアナウンサー、これは完全なフリーランスです。

最後に、「自分にはどんな働き方が向いているのかな」と思っているあなたに、私の経験から、それぞれのメリットやデメリットを紹介します。

最初の契約キャスターは、個人事業主ではあるけれども、NHKという組織に守られていたので、あまり独立しているという意識はありませんでした。机はアナウンサーと同じフロアに置かれていましたし、アナウンサー同様テレビやラジオの番組に出てもいたので、なんだかんだいってもNHKの組織の中にいるという安心感がありました。

だから、**「独立したいけれどまだ経験が足りないし、給料が一定ではないのが不安」**と場合は、とりあえず一つの会社の中で**契約社員として働いてみる**という手があります。

大きく稼げるわけではありませんが、毎月決まった額はもらえますし、在籍している以上は仕事がなくなることもありません。経験を積む機会がある程度保障されているという状況で、とりあえず仕事を覚えたい人にとくに向いている働き方といえるでしょう。

そうではなく、「やっぱり、きつくてもいいからもっと責任ある仕事をしたい」という方には、正社員のほうが合っていると思います。同じ会社にいる人間だったら、正社員のほうが残業・転勤など条件は厳しくなりますが、より幅広い仕事を担当できます。

ＮＨＫ仙台でも、正社員のアナウンサーのほうが、泊まり勤務や転勤、自分で車を運転しての取材などがあるかわりに、出演できるテレビやラジオの番組は契約キャスターより恵まれていました。**会社が求める条件をクリアできる人なら、正社員のほうが短期間でより早く成長できる**でしょう。年収や社会保障の点でも充実しているのは正社員です。

でも、私は今のフリーランスの立場が、一番自分に合っているなと思います。なんといっても、努力が全部自分に返ってくるのがいいですね。「会社のため」という大義名分じゃなくて、堂々と「自分のため」に頑張れます。成果も、会社じゃなくて自分のものになるのです。

私は、断然そのほうが努力できます。時間の使い方もかなり自由になります。休日だけ

働き方は自分との相性で選ぶ

	収入	安定	ハードさ
正社員	△	◎	△
契約	×	△	◎
フリー	◎	×	×

●それぞれメリット・デメリットがある

●一番やる気が出る働き方を選ぶ

ど夫が会社に行っているから私も原稿を書こうとか、平日だけど昼間は時間があるから美術館に行こうとか、毎日家族の都合も考えながら、柔軟に予定を立てられます。

私は、「何時から何時まではは必ずオフィスにいるべき」などという規則は馬鹿らしいと考える性質《たち》でもあり、スケジュールの自由度の高さは、個人的にはかなり魅力です。

ただ、家計を支えないといけない立場だと、会社から独立するのは勇気がいることです。お金に関しては不安定ですから。

だからもし現状に不満があって会社員生活を辞めたいのであれば、何が不満なのかを分析して、他の手段がないか考えてみたほうがいいでしょう。

たとえば、「ピラミッド型の硬直した組織が嫌だ」というのであれば、小さなベンチャー企業に転職する方法もあります。あるいは、「上司や部下との密接な上下関係がわずらわしい」のであれば、外資系企業でもっとドライに働くことができるかもしれません。

会社によって雰囲気は全く違いますから、安易にフリーを選ぶのではなく、自分に合うのはどんな組織か、今一度見直してみてください。

「それでも私はフリーでやりたいんだ」というなら、胸を張ってその道を選べばいいと思います。まだ私も道半ばで偉そうなことは言えませんが、自分に合ったスタイルで働けると、それだけでわくわく、楽しくなってきます。おのずとやる気もわいてきますよね。いくら安定した仕事でも、やる気が出なかったら成長できません。

最終的には、自分が一番やる気を出せる働き方がいいのだと思います。そうすれば、後から金銭的な成功はついてくるでしょう。

私もまだまだこれからです。一緒に頑張りましょう！

フレキシブル

それぞれのメリット・デメリットを理解し、働き方を選ぶ

ドライ

自分が一番やる気を出せる働き方で、圧倒的勝ち組をめざす

おわりに

『圧倒的な勝ち組になる効率のいい考え方と仕事の仕方』いかがでしたか？

少々過激なタイトルだったかもしれません。でもドライに割り切ってフレキシブルに周りに合わせることを続ければ、ただやみくもに努力するよりも効率よく成功に近づくことができます。

この本を読んで、**「なんだ、大げさなタイトルの割に誰にでもできそうなことばっかりじゃないか」**と思ったあなた――それです！　**その声を聞きたくて、私はこの本を書きました。**

「勝ち組」になるのはもちろんのこと、「目標を立てる」「夢を現実にする」というだけで、すごく壮大なことのように思えます。

でもどんなに大きな目標も小さい目標の積み重ねであり、分解して少しずつ達成していくことで、いつの間にか大きな目標へたどり着くことができるのです。

そもそも、「今の仕事になんとなく満足できなくてもやもやしている」「自分を少しでもレベルアップさせたい」という思いを抱えている人は、すでに登山口には立っている状態です。でも、登山口からの進み方がわからず、結局山を登れずに終わってしまう人が多いのです。この本を読んで、登山口と山頂を見つけて、自分なりの効率のいい登山ルートを開拓してもらえれば嬉しいです。

本文中で何回も説明しましたが、まずは漠然とでいいから、こうなりたいという大きな目標を設定してください。

次に高い山の頂に到達するために、小さな足場を築いていきましょう。その小さな努力の積み重ねが、大きな目標を現実のものとする一番の近道なのです。本書で説明したとおりの順番で考え、行動していけば、省エネルギーで高い山を登りきることができます。まさしく効率よく最大限の結果を手にすることができるわけです。

今のあなたが、一刻も早くこのメソッドを試してみたいとうずうずしてくれているとうれしいです！　そう思っているうちにぜひ、行動にうつしてください。この本を読み終えただけでは、あなたは何一つ達成していません。頭でわかっていても実践しなければ、何の意味もありませんから。鉄は熱いうちに打て、です！

……なんて偉そうなことを言ってしまいましたが、このあとがきにたどり着く直前まで、自分に一冊まるごと本が書けるだろうかと不安でいっぱいでした。

自分がこれまで何気なく行ってきた努力の仕方や考え方は最初のうちは漠然としていました。自分では当たり前のように行ってきたので、それを改めて整理し直して客観的に見つめるのは、慣れない大変な作業でもありました。

本を読むのは小さいころから大好きでしたが、読むのと書くのとはやはり全然違いますね。でも、「もう書けないかも」と弱気になるたびに、カメラの前やラジオブースのマイクの前にいる自分を想像していました。

カメラとマイク。どちらもただの機械ですが、その向こうには何百万、何千万の人がいる。それを意識して、彼らに語りかけるつもりで声を出さないと、決して真の意味で「伝える」ことはできない。ベテランのアナウンサーさんたちによく言われたことです。

同じことを、パソコンの原稿を前に意識するようにしました。ただの白紙の原稿を相手にしているのではない。その向こうにいる、この本を手に取ってくださるあなたを含めたたくさんの方（はい、多ければ多いほどありがたいです！）に語りかけるように文章を書こう。そう気持ちを落ち着けたら、不思議と文章が出てきました。

語りかけるように書く。この感覚は、話す仕事をしていないとわからないかもしれません。フリーアナウンサーをやっていてよかったと、思いました。

話すのも書くのも、結局は同じことなのかもしれません。そして私はどちらも好き。この本を書くなかで気づいたことです。1年後、2年後、フリーアナウンサーとしてどんな仕事をしているのか、具体的な内容は私にも全くわかりません。でも、話すことも書くことも続けたいし、レベルアップしていきたいですね。

これからも、どうぞよろしくお願いします！

そして、最後までこの本にお付き合いくださって、本当にありがとうございました！

圧倒的な勝ち組になる　効率のいい考え方と仕事の仕方

発行日　2016年5月15日　第1刷
2016年5月25日　第2刷

Author　天明《てんめい》麻《ま》衣《い》子《こ》

Book Designer　櫻井浩＋三瓶可南子（⑥Design）

Publication　株式会社ディスカヴァー・トゥエンティワン
〒102-0093 東京都千代田区平河町2-16-1 平河町森タワー11F
TEL 03-3237-8321（代表）
FAX 03-3237-8323
http://www.d21.co.jp

Publisher　干場弓子
Editor　林拓馬

Marketing Group Staff　小田孝文　中澤泰宏　吉澤道子　井筒浩　小関勝則　千葉潤子
飯田智樹　佐藤昌幸　谷口奈緒美　山中麻吏　西川なつか
古矢薫　米山健一　原大士　郭迪　松原史与志　蛯原昇
安永智洋　鍋田匠伴　榊原僚　佐竹祐哉　廣内悠理　伊東佑真
梅本翔太　奥田千晶　田中姫菜　橋本莉奈　川島理　倉田華
牧野類　渡辺基志　庄司知世　谷中卓

Assistant Staff　俵敬子　町田加奈子　丸山香織　小林里美　井澤徳子
藤井多穂子　藤井かおり　葛目美枝子　竹内恵子
伊藤香　常徳すみ　イエン・サムハマ　鈴木洋子　松下史
永井明日佳　片桐麻季　板野千広

Operation Group Staff　松尾幸政　田中亜紀　中村郁子　福永友紀　杉田彰子　安達情未

Productive Group Staff　藤田浩芳　千葉正幸　原典宏　林秀樹　三谷祐一　石橋和佳
大山聡子　大竹朝子　堀部直人　井上慎平　塔下太朗　松石悠
木下智尋　鄧佩妍　李瑋玲

Proofreader　株式会社鷗来堂
DTP　アーティザンカンパニー株式会社
Printing　大日本印刷株式会社

ISBN978-4-7993-1867-6